玻璃钢渔船建造工艺

孙风胜　张维英　编著

科学出版社
北　京

内 容 简 介

本书主要介绍玻璃钢渔船的整体建造工艺。内容包括玻璃钢渔船概述；玻璃钢材料；玻璃钢渔船建造场地及设备；玻璃钢渔船船体成型用模具；玻璃钢渔船成型工艺；玻璃钢渔船船体构件的接头及组装；玻璃钢渔船船体结构的安装；玻璃钢渔船船体舾装；玻璃钢渔船施工过程常见的缺陷及对策；玻璃钢渔船的日常使用、保养及维修等。

本书可作为船舶与海洋工程专业的本科生和专科生的参考用书，也可作为玻璃钢渔船修造企业的施工工艺参考用书，以及船舶检验工作人员的参考用书。

图书在版编目（CIP）数据

玻璃钢渔船建造工艺/孙风胜，张维英编著. —北京：科学出版社，2018.3
ISBN 978-7-03-055406-2

Ⅰ. ①玻…　Ⅱ. ①孙…　②张…　Ⅲ. ①玻璃钢船-渔船-造船法-教材
Ⅳ. ①U671.73

中国版本图书馆 CIP 数据核字（2017）第 282152 号

责任编辑：张　震　杨慎欣 / 责任校对：郭瑞芝
责任印制：吴兆东 / 封面设计：无极书装

科学出版社 出版
北京东黄城根北街 16 号
邮政编码：100717
http://www.sciencep.com
北京凌奇印刷有限责任公司 印刷
科学出版社发行　各地新华书店经销
*
2018 年 3 月第　一　版　开本：720×1000　1/16
2022 年 1 月第三次印刷　印张：11 3/4
字数：237 000

定价：36.00 元

（如有印装质量问题，我社负责调换）

前　　言

中国是世界第一渔船大国，渔船数量超过 100 万艘，水产品总产量已突破 4000 万吨，连续十年位居世界渔业产量第一。但是中国渔业装备发展相对滞后，渔业主要装备是渔船，中国的渔船 80%以上是木质渔船，先进节能的玻璃钢渔船不到 1%。而目前世界上的发达国家，早已实现了渔船玻璃钢化，日本和欧美国家都制定了一系列的扶持政策，使玻璃钢渔船有了快速的发展。

国务院转批农业部《关于进一步加快渔业发展意见》的通知中指出：“加快渔船技术改造步伐，特别是中小型渔船玻璃钢化的推广普及，是实现我国渔业现代化的一项重要措施，各级政府要在政策及资金、信贷方面给予必要的扶持。”这一决定有力地推动了中国玻璃钢渔船的发展。

目前，中国玻璃钢渔船产业的发展受到了广泛的关注，但发展速度仍不尽如人意。制约玻璃钢渔船发展的一个很重要的原因就是玻璃钢渔船的建造质量不能满足使用要求，也就是玻璃钢渔船在建造工艺上仍有许多不足，中国缺少一本专门论述玻璃钢渔船建造工艺的书籍。编写本书是为了系统提升玻璃钢渔船建造的整体工艺水平，加快中国渔船技术装备的整体提升速度。本书填补了国内玻璃钢渔船类图书的空白，有一定的参考价值。

本书由大连海洋大学孙风胜、张维英编著，系统介绍玻璃钢渔船发展情况、玻璃钢材料、玻璃钢渔船建造场地及设备、玻璃钢渔船船体成型用模具、玻璃钢渔船成型工艺、玻璃钢渔船船体构件的接头及组装、玻璃钢渔船船体结构的安装、玻璃钢渔船船体舾装、玻璃钢渔船施工过程常见的缺陷及对策，以及玻璃钢渔船的日常使用、保养及维修等。全书共 10 章，孙风胜编写了第 1 章、第 4～8 章、第 10 章，张维英编写了第 2 章、第 3 章和第 9 章。

作者长期从事玻璃钢渔船建造工艺研究，对玻璃钢渔船的建造工艺有着较为系统的掌握。由于作者水平有限，不足之处在所难免，敬请各位读者指正。

作　者

2017 年 9 月

目　录

第 1 章　玻璃钢渔船概述

1.1　玻璃钢材料概述

玻璃钢渔船就是采用玻璃纤维增强塑料作为主要船舶建造材料的渔船。

玻璃纤维增强塑料又称玻璃钢，属于复合材料。所谓复合材料，就是指由两种或两种以上具有不同物理和化学性质的材料组合而成的一种多相的固体材料。这种组合材料不但具有比它的组成材料更优越的性能，而且由于它的性能可以随其组成材料的具体情况而变化，因此它又具有其他材料所不具备的可设计性。所以，这是一种不同于普通金属和非金属的独特的工程材料，有着广阔的发展前景[1]。

复合材料是由多种物质组成的，因此具有极复杂的多相结构。为方便起见，一般把复合材料中连续的、韧性的、强度和弹性模量较低的组成相称为基体，而把其中分散的、脆性的、强度和弹性模量较高的组成相称为增强材料。在多数情况下，增强材料为颗粒状或纤维状，有时也可以是二维的层状物，基体则是无定形的，只能随制品的形状而变化。

从理论上讲，复合材料的组成物质可以是有机物、无机非金属、金属等一切材料。因此，它的研究涉及材料、化工、物理、数学、冶金、机械以及生物等学科，是一门典型的复合边缘科学。从目前的研究状况看，复合材料在工艺方面比较成熟，但基本理论的研究仍然有很大的拓展性，有很大的研究空间。

1.1.1　玻璃钢材料的复合效应

把不同的材料复合在一起，在工程上的目的是获得比单一材料更优良的机械性能和使用性能，这种性能被称为复合材料的复合效应。然而，由于目前人们尚未掌握所有的复合规律，而复合材料在提高某些性能的同时，也会导致一部分性能的下降。因此，研究材料的复合效应，对于复合材料的设计和使用具有特别重要的意义。

材料的复合效应可以分为线性效应和非线性效应。

1. 线性效应

线性效应主要有以下几种：平均效应、并有效应、互补效应和相抵效应。

1）平均效应

平均效应指复合材料的性能等于各组分的性能乘以各自体积分数之和。例如，弹性模量：

$$E=E_1V_1+E_2V_2 \tag{1.1}$$

式中，E 为复合材料的弹性模量；E_1 为复合材料中某种组分的弹性模量；V_1 代表该组分的体积分数；E_2 为复合材料中另一组分的弹性模量；V_2 代表该组分的体积分数。

2）并有效应

并有效应指复合材料仍保持其组分的原有性能。例如，高分子材料具有耐腐蚀性能，则以它为基体组成的复合材料同样具有耐腐蚀性能。

3）互补效应

互补效应指各组分组成复合材料后可以互相补充并弥补各自的不足。例如，以硬而脆的玻璃纤维和强而韧的纤维混合作为增强剂，则复合材料既有较好的刚度又有满意的韧性。

4）相抵效应

相抵效应指复合后各组分间出现相互制约的情况而使性能比预计的结果差。例如，以玻璃纤维和碳纤维混合的增强塑料，其断裂功小于混合率的估算值。

在玻璃钢中，当玻璃纤维表面选用适宜的硅烷偶联剂处理后，与树脂基体组成复合材料，由于强化了界面的结合，因此材料的拉伸强度可比未处理纤维组成的复合材料高出 30%～40%，而且湿态强度保留率也明显提高。但是，这种强结合的界面同时也导致了复合材料冲击性能的降低。

互补效应和相抵效应常常是共同存在的。

2. 非线性效应

非线性效应包括相乘效应、诱导效应、共振效应和系统效应，其中有的效应已经被人们认识和利用，并为功能复合材料的设计提供了很大自由度，而有的效应则尚未被人们充分地认识和利用。

1）相乘效应

两种具有转换效应的材料复合在一起，即可发生相乘效应。

例如，把具有电磁效应的材料与具有磁光效应的材料复合时，将可能产生具有电光效应的复合材料。

因此，通常可以将一种具有两种性能且可以相互转换的功能材料（X/Y）和另一种功能材料（Y/Z）复合起来，可用下列通式来表示：

$$(X/Y)(Y/Z)=X/Z \tag{1.2}$$

式中，X、Y、Z 分别为三种不同的材料功能特性。上式符合乘积表达式，所以称为相乘效应。

2）诱导效应

诱导效应是指在一定条件下，复合材料中的一个组分材料可以通过诱导作用使另一个组分材料的结构改变，从而改变整体性能或产生新效应。

3）共振效应

两个相邻的材料在一定条件下，会产生机械的或电、磁的共振。

由不同材料组成的复合材料，其固有频率不同于原组分的固有频率，当复合材料中某一部位的结构发生变化时，复合材料的固有频率也会发生改变。

4）系统效应

系统效应是材料的一种复杂效应。截至目前，这一效应的机理人们尚不清楚，但在实际现象中已经发现这种效应的存在。

平均效应、并有效应、互补效应、相抵效应、相乘效应、诱导效应、共振效应、系统效应等各种复合效应，都是复合材料科学所研究的对象和重要内容。这也是开拓新型复合材料，特别是功能型复合材料的基础理论问题。

复合材料的这些效应特性决定了其材料本身的可设计性，因此，玻璃钢材料的性能也是可以进行设计的。

玻璃钢，俗称纤维增强塑料（fiber reinforced plastic，FRP），见图 1.1。根据采用的纤维不同分为玻璃纤维增强塑料（glass fiber reinforced plastic，GFRP），碳纤维增强塑料（carbon fiber reinforced plastic，CFRP），硼纤维增强塑料（boron fiber reinforced plastic，BFRP）等。它是以纤维及其制品（玻璃布、带、毡、纱等）作为增强材料，以合成树脂作基体材料的一种复合材料。纤维增强材料是由增强纤维和基体组成。基体相对于纤维来说，强度、模量都要低很多，但可以经受住大的应变，往往具有黏弹性和弹塑性，是韧性材料。

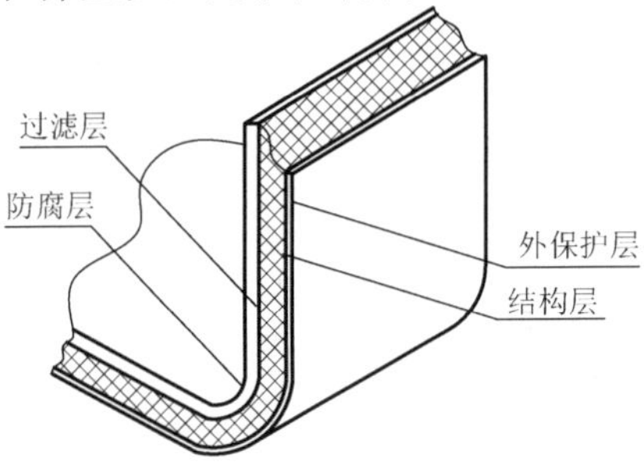

图 1.1　纤维增强塑料结构

玻璃钢的基本性能主要取决于其两大组分和它们之间的结合，即玻璃纤维、热固性树脂或热塑性树脂、纤维和树脂的间面。使用最广泛的热固性树脂是不饱和聚酯树脂，此外还有环氧树脂、乙烯基树脂和酚醛树脂，以及某些特种用途的树脂（如有机硅、聚酞亚胺、苯并咪唑等）。由热固性树脂制成的玻璃钢俗称热固性玻璃钢。把不同树脂和各种玻璃纤维制品复合，就可制成各种不同性能的玻璃钢制品。用玻璃纤维增强热塑性树脂称为热塑性玻璃钢。常用的热塑性树脂有聚氯乙烯、聚乙烯、聚丙烯、饱和树脂、丙烯氰-丁二烯-苯乙烯（acrylonitrile butadiene styrene，ABS）树脂等。中国目前大量生产的是热固性玻璃钢。常用的玻璃纤维制品有无碱、中碱的玻璃纤维布，无碱、中碱的无捻玻璃纤维布（方格布），无碱、中碱的无捻玻璃纤维纱等[1]。

1.1.2　玻璃钢材料性能

玻璃钢是可以设计的复合材料，所以物理、化学性质并不完全绝对，玻璃钢集中了玻璃纤维及合成树脂的特性，具有质量轻、强度高、耐化学腐蚀、电绝缘性好、能透过电磁波、隔音、减震和耐瞬时高温烧蚀等特点。与其他渔船建造材料相比具有密度小、比强度大、易成型、表面光滑、吸水性小、导热系数低、耐海水腐蚀、不被虫蛀、易于保养和维修等优点。用于建造渔船可比木质渔船减少船体自重 20%～30%，能增加渔船装载量、减少阻力、增加航速、节省燃料、提高经济效益，同时还有利于鱼品保鲜，易于批量生产，维修费用是木质渔船的 60%，寿命是木制渔船的 3～4 倍。另外，玻璃钢渔船的稳心和重心距离较远，回复力矩较大，稳定性好，在大风浪中航行起伏性、复原性、安全性好。近代科技发展和国内外经验证明，玻璃钢渔船具备诸多木质渔船所没有的优点，尤其在排水量、速度、马力耗损、成型性等各方面的性能，更非木质和钢质渔船所能比。因此，玻璃钢被认为是较为理想的渔船建造材料。

玻璃钢的主要缺点是性能受外界介质条件、温度及水分的影响会发生变化，弹性参数较低以及易于蠕变。

玻璃钢的物理-机械性能主要取决于玻璃纤维填料的形式和数量，也取决于黏结剂的类型。采用玻璃毡作增强材料时，玻璃钢的性能在各个方向上最为均匀和相同（接近于各向同性材料）。制造的工艺程序和精细度也在很大程度上影响玻璃钢的物理-机械性能。

玻璃钢作为一种复杂的组合材料，其主要成分是黏结剂（加有附加剂的树脂）和增强玻璃材料。船用玻璃钢的黏结剂主要采用冷固化不饱和聚酯树脂，也可以采用环氧树脂基玻璃钢来制造构件。

可以采用许多品种的玻璃纤维填料作为增强材料，如玻璃毡、玻璃粗纱及不同织法的玻璃布等。机械性能较玻璃纤维低的树脂将增强材料纤维黏接成一个整体，并保护其不受水的破坏。它决定着玻璃钢的毒性、可燃性、耐热性和蠕变性能。

树脂在很大程度上决定了玻璃钢的工艺性。在树脂中加入适当的触变剂可控制其黏度以便在倾斜的及垂直的表面上施工。黏结剂固化时间的长短可以用加入相应的加速剂或阻滞剂来调节。

玻璃毡分为两种：化学粘连的及机械勾连的。在造船中广泛采用化学粘连玻璃毡，它是由杂乱的短切纤维用特制乳胶粘连而成。

1.1.3 玻璃钢渔船特点

与钢制渔船相比，玻璃钢渔船船体为整体一次成型，船体表面光滑、阻力小，比同功率、同尺度钢质渔船航速可提高 0.5～1 节。玻璃钢比重是钢材的 1/4，玻璃钢渔船压载重心低，在其他参数不变的情况下，玻璃钢渔船的横摇周期与同类钢质渔船相比可缩短 2～3 秒，在风浪中起浮性好，回复能力强，相对而言抗风能力较强。玻璃钢具有良好的隔热性，导热系数只有钢质的百分之一，与钢质渔船相比，玻璃钢冰鲜渔船节冰可达 20%～40%。玻璃钢渔船航速较快，因此可缩短航行时间，提高出海率，增加捕鱼航次，达到节油的目的，与同尺度、同马力钢质拖网渔船比较，可节油 10%～15%。玻璃钢渔船使用寿命较长，有着良好的耐腐蚀性，船体永不锈蚀，理论上使用寿命可达 50 年之久，而且如无损伤不需像钢质渔船那样每年进行维护。经过多年比较，30m 左右玻璃钢渔船年均维修费用只有钢质渔船的十分之一。

玻璃钢渔船初始投资要高于钢质渔船和木质渔船。与钢质和木质渔船相比，玻璃钢渔船受糊制工作量大、原材料价格偏高等因素影响，船舶造价较高。在规模批量建造前提下，玻璃钢渔船造价一般是同尺度钢质渔船的 1.3～1.5 倍，是同尺度木质渔船的 1.5～3 倍。玻璃钢渔船的耐磨性要低于钢质渔船，船舶停泊较多的码头，容易被钢质船划伤，且玻璃钢渔船在有礁石等坚硬物体的海滩坐滩时容易损坏玻璃钢船底。因此，玻璃钢渔船锚泊时受到一定限制，需要提供一定的港口配套设施或在建造时采取防护措施，如在艏及艉角部用不锈钢板外包、在艏部下端与岸边触碰处设置金属或非金属防磨板、船舷使用护舷材料等，防止碰撞受损，但其中长期经济效益仍高于钢质渔船。

玻璃钢渔船开发的重点是如何有效地取代木质渔船和钢质渔船，期望其在性能与稳定方面、在经济与安全方面胜过木质渔船和钢质渔船。与钢质船和木质船相比，玻璃钢船的历史很短。钢质船和木质船是把材料连接起来形成船体。而玻璃钢船是用原料和材料制成船体，在合成材料的同时就形成了船体。要制作质量好的玻璃钢渔船，必须在温度、湿度保持一定且又无尘埃的洁净场所制造，必须严格地执行积层和固化工艺程序，并且因为渔业生产作业风险较高，所以必须慎重地制件以确保安全。

1.2　玻璃钢渔船的发展

作为复合材料的玻璃钢，是 20 世纪 40 年代发展起来的。当时的美国已经有了发展玻璃钢的物质基础，从 1935 年起，连续玻璃纤维已有了较大发展，1939 年又发明了常温常压下成型的不饱和聚酯树脂。当时的玻璃钢首先用在航空工业方面，如飞机的雷达罩、副油箱等。

20 世纪 50 年代开始用玻璃钢建造船舶以来，玻璃钢渔船发展十分迅速，是渔船发展史上的又一次重大变革。20 世纪 70 年代，各主要工业国陆续开始大批量建造玻璃钢渔船，截至目前，美国、日本、俄罗斯、英国、法国、德国、加拿大、西班牙、瑞典、韩国等国家中小型渔船都已经淘汰了木质渔船，实现了玻璃钢化。各主要工业国都趋向于玻璃钢船舶大型化，尤其是玻璃钢工作艇，其长度在 10m 以上。不仅美国、日本、英国等发达国家大力发展玻璃钢渔船，而且印度、泰国等发展中国家也相继开发建造。很多国家采取措施，限制木质船舶生产并制定了扶持玻璃钢船舶发展的优惠政策。近年来，中国也针对玻璃钢渔船制定了发展规划。

1.2.1　国外发展状况

美国是世界上第一个建成并使用玻璃钢渔船的国家。1959 年，美国率先建成了 9m 长的玻璃钢捕虾船，此后对玻璃钢渔船的研制做了大量工作，到 20 世纪 60 年代就批量生产了 25～28m 的拖网渔船，玻璃钢渔船开始大面积推广。1969 年，美国建造了 390 艘玻璃钢渔船，其中，高速捕虾船最具代表性。美国每年用于造船的玻璃钢材料超过 20 万吨。其后，美国玻璃钢渔船的研发工作非常活跃，并用 15 年的时间将木质渔船全部淘汰，目前近海浦捞渔船几乎皆为玻璃钢制造。

日本玻璃钢渔船发展最为迅速。日本玻璃钢渔船发展始于 20 世纪 60 年代，由于能源危机及渔业不景气，在美国成功地采用玻璃钢渔船替代木质渔船所取得成果的推动下，1968 年，日本政府制订了“海洋振兴计划”，以达到节约能源和调整渔业产业结构的目的。政府法令要求停止建造木质渔船，并制定了以玻璃钢渔船替代木质渔船的产业发展政策。1962 年，日本开始研制 5m 长无动力玻璃钢小船，1966 年成立玻璃钢渔船研究会，对玻璃钢渔船船型、结构设计、建造工艺等进行了大量研究，为发展日本玻璃钢渔船作出了极大的贡献。1970～1980 年，日本进入玻璃钢渔船高速发展时期，政府加大力度，采取买断旧木质渔船将其报废，沉入海底做人工鱼礁，然后给予优惠补贴的政策，鼓励渔民更新玻璃钢渔船。

日本从 20 世纪 70 年代开始大量建造玻璃钢渔船，在日本海洋动力渔船中，玻璃钢渔船所占比例 1970 年为 1.3%，到 1980 年增加到 60%，此后玻璃钢渔船所占比例继续增加，1990 年达到 78.7%，1995 年为 87.4%。同期木质渔船所占的比例由 1970 年的 96.2%下降到 1983 年的 37.7%，1990 年为 19.3%，到 1995 年木质渔船所占比例只有 11.1%，基本上做到了以玻璃钢代替木材建造渔船[2]。

20 世纪 80 年代后期，日本玻璃钢渔船的研究步入了较高层次阶段，尤其是在船舶性能上，充分体现了玻璃钢复合材料轻的特性。日本海洋动力渔船中，中小型渔船占 99.75%，大型玻璃钢渔船的建造是从 1981 年开始的，至今已建造了为数不少的 100t 级以上的玻璃钢渔船。到 1985 年 12 月 31 日，拥有玻璃钢机动渔船 265 523 艘，683 296 总吨，8 135 472 马力①，分别占机动渔船的 64.3%、24.7%、55.8%。由于采用了玻璃钢代替木材建造渔船，1976～1986 年，日本的木质机动渔船从 257 888 艘下降到 125 797 艘，从 661 408 总吨下降到 299 654 总吨，从 3 917 720 马力下降到 2 463 576 马力，分别减少了 51.2%、54.7%、37.1%。非机动渔船几乎全用玻璃钢制造。

---

① 1 马力=0.735 498 8kW。

日本的经验说明，玻璃钢渔船具有强大的生命力，发展迅速，经济效益和社会效益都显著。

此外，南非是世界上首先建造较大玻璃钢渔船的国家，1960 年就建成了采用聚氯乙烯为芯材的夹层结构的 20.7m 的拖网渔船，其排水量达 95t，航速 11 节。印度在 1980 年已有 2 万条玻璃钢机动渔船，现在每年更新量仍在 2500 艘以上。秘鲁、波兰等国玻璃钢渔船发展也较快，已大批生产 28m 以下玻璃钢拖网渔船、围网渔船，并销往其他国家。英国、法国、德国等也相继建造了不少玻璃钢渔船。

由于环境保护需要，世界各国都在限量采伐木材，加上玻璃钢渔船经济效益比木质渔船好，因此用玻璃钢渔船取代木质渔船，在国外已成为必然。

1.2.2　国内发展状况

中国台湾地区玻璃钢渔船的发展是在 1968 年由“台湾农村复兴联合委员会”推动下进行的。1969～1976 年，玻璃钢渔船发展平缓，平均每年建造 10～20 艘。1977 年，从日本引进玻璃钢造船技术，开始大量建造玻璃钢游艇并出口，同时开始批量生产玻璃钢渔船。1978 年，生产玻璃钢渔船 266 艘，占当年新增渔船的 26%；截至 1981 年，台湾共有玻璃钢渔船 1058 艘，在所有动力渔船中占 7.6%左右。1981 年以后是台湾玻璃钢渔船大发展的时期，1981～1991 年平均每年递增 350 艘，仅 1985 年一年就建造了 3450 艘，到 1991 年玻璃钢渔船总数达到 4634 艘。目前，台湾发展建造的玻璃钢渔船大部分是 50t 以下的渔船，约占全省动力渔船总数的 80%。这些玻璃钢渔船均属沿岸、近海作业渔船。到 2010 年，台湾已成功建造一千余艘 24～40m 远洋玻璃钢金枪鱼延绳钓渔船，在环赤道带金枪鱼延绳钓作业渔场拥有最大捕捞份额。同时台湾还发展沿海玻璃钢延绳钓、流刺网、围网和休闲垂钓渔船等。台湾地区主管部门还出资报废木质渔船和钢质渔船，将其处理后投入海底做人工鱼礁。

中国大陆 1958 年开始小型玻璃钢船艇的研制，当时着重于国防军工方面研究工作。而玻璃钢渔船的发展则始于 20 世纪 70 年代，其发展过程经历了三起三落。

1974 年，天津塘沽捕捞船厂建造了中国大陆第一艘玻璃钢船体的海洋捕捞渔船，该船为玻璃钢船壳，木骨架。1985 年，由上海玻璃钢研究所向当时的国家建筑材料工业局申请立项，中国水产科学研究院参与，联合研发了两艘 16.88m 玻璃钢拖网渔船和一艘流刺网渔船。由于技术条件所限，这些船舶使用近 10 年后报废。1986 年，上海玻璃钢研究所、中国水产科学研究院和山东威海西港渔业公司船舶修造厂联合成立了北方玻璃钢渔船开发中心威海实验厂（现威海中复西港船艇有限公司）。该厂先后试制了 13m（15kW）、16.88m（30kW）、18.75m（45kW）等小型玻璃钢拖网渔船。由于当时缺乏配套技术、原材料质量较差，产品质量不高、使用寿命较短[3]。

1995 年，国务院批转农业部“九五”期间渔业发展规划，提出“要淘汰木质渔船，大力发展玻璃钢渔船”，同时农业部出台了“建造玻璃钢渔船不受渔船双控指标限制”的规定。1996 年 8 月，由国家建筑材料工业局申请，国家科学技术委员会批准了“大型玻璃钢渔船的研制及产业化”科技攻关项目，经费 1000 万元（其中拨给农业部用于渔船项目研究经费 555 万元）。该课题由中国水产科学研究院、上海玻璃钢研究所和山东西港水产集团船舶修造厂等单位承担，研究设计出 33m 玻璃钢拖网渔船、24m（25.5m）玻璃钢拖网渔船、29m 玻璃钢延绳钓船以及 33m 玻璃钢多种作业渔船四种大型玻璃钢渔船，并成功建造了前面三种。24m 玻璃钢拖网渔船总体性能研究与设计、玻璃钢渔船阻力图谱与船型优化设计等成果还通过农业部组织的专家鉴定，为中国玻璃钢渔船发展提供了技术支撑。然而，在“九五”期间玻璃钢渔船科技攻关项目结束后相关工作没有继续开展，该项目也成为截至目前唯一的由国家级科技经费支持的玻璃钢渔船的研发项目。

“十五”期间，为推动发展远洋玻璃钢渔船，农业部报经国务院批准，国家发展与改革委员会对建造远洋玻璃钢金枪鱼延绳钓渔船的企业，给予 20%造船资金补助。在这一政策的鼓励下，当时农业部共受理全国远洋渔业公司申请建造远洋玻璃钢渔船 60 余艘，玻璃钢渔船开始进入相对快速的发展期。然而，2004 年，某国产玻璃钢金枪鱼钓船在斐济渔场作业时，发生了质量事故，产生了负面影响，随后，其他国产玻璃钢渔船相继出现了漏水、漏电、设备和管路锈蚀严重及船体碰撞磨损严重等质量问题。这些问题的出现使中国渔船船东对国内建造的玻璃钢渔船质量产生质疑，纷纷撤销订单。其后政府相关主管部门再未出台对玻璃钢渔船的扶持政策。

进入 21 世纪以来，随着国际上节能减排呼声的日益高涨，中国政府也开始意识到渔船节能减排的重要性。近几年，随着中国海洋战略重要性的提升及低碳渔业、节能减排工作的深入开展，农业部起草了《我国玻璃钢渔船发展规划》(草案)，并在引进和消化发达国家和地区经验的基础上，修订、颁布实施了《玻璃纤维增强塑料渔船建造规范》(2008)、《渔业船舶法定检验规则》(2002)，并举办了多期玻璃钢渔船建造技术培训班，培养了一批专业技术人员。

农业部渔业船舶检验局在辽宁、山东两个省扶持建造了一批玻璃钢渔船进行试点，取得了良好的推广示范作用，为中国玻璃钢渔船的再次发展提供了相应的技术支撑。

目前，全国 20m 以上的玻璃钢作业渔船不足 500 艘，其他小型玻璃钢渔船约 5000 艘，机动玻璃钢渔船拥有量占全国机动渔船拥有量不足 1%，是世界上玻璃钢渔船占有率较低的国家之一。中国建造的玻璃钢渔船与发达国家和地区建造的玻璃钢渔船相比，产品数量、质量、使用寿命都存在较大差距。

2014 年，辽宁省大连市立项推广玻璃钢渔船项目，批量建造玻璃钢渔船，并且设立了推广标准化玻璃钢养殖渔船购置补助的专项资金，为玻璃钢渔船的发展起到了巨大的推动作用。

1.3　玻璃钢渔船的类型

渔船按照作业方式的不同，分为拖网、围网、钓捕、养殖、其他渔业捕捞船，以及渔业辅助船等。玻璃钢材质可以建造各种大、中、小型作业渔船，但目前玻璃钢渔船的建造主要集中在 12m 以下的小型渔船，下面介绍其中几种渔船。

1.3.1　玻璃钢拖网渔船

玻璃钢拖网渔船是指以拖网来捕捞渔获物的玻璃钢渔船。拖网渔船上的拖网，是利用甲板上的绞车来收网的。拖网渔船捕捞到的鱼，储藏在船上的鱼舱或者冷库中。一般玻璃钢拖网渔船尺度不超过 24m，见图 1.2。拖网渔船的尾部一般设有倾斜的滑道或者能够转动的辊子，方便渔网起放。一般玻璃钢拖网渔船尺度较小，为防止作业时上浪，设置尾滑道的玻璃钢拖网渔船较少。

图 1.2　玻璃钢拖网渔船

1.3.2　玻璃钢围网渔船

围网作业也是一种主要渔业捕捞方式，它是通过一种过滤性围旋网具来进行捕捞，主要用于围捕中、上层鱼类。作业时，靠渔船的快速回转航行使网具在水中垂直展开呈圆形围壁来包围鱼群进行捕捞。

围网渔船根据作业的特点，在性能与布置上有如下要求：

（1）有良好的回转性能，因为在发现鱼群后要迅速回转放网，所以要求有较小的回转半径。

（2）为了能迅速地追捕鱼群，航速要求较高。

（3）具有良好的机动性，因为在作业过程中，经常要调整网形和渔船位置，为此，许多围网渔船在艏部设置侧向推进装置。

玻璃钢渔船具有自重轻、航速快、机动性好等特点，因此特别适合进行围网作业，玻璃钢围网渔船可以分为单船围网、双船围网和多船围网等，见图 1.3。

图 1.3 玻璃钢围网渔船

1.3.3 玻璃钢钓捕渔船

钓捕是捕捞分散鱼群的一种作业方式，它能在海底多礁的渔场进行作业，可钓捕体型大、质量好的鱼获，有利于资源繁殖保护。

钓具是用系结在钓线上的钓钩，装上诱惑性饵料，利用鱼类的食性诱鱼吞食上钩，或以密集而锐利的空钓敷设在鱼类洄游的通道上钩住鱼体而达到捕捞目的。

玻璃钢钓捕渔船根据钓具的不同，可以分为延绳钓渔船、竿钓渔船。

1. 延绳钓渔船

延绳钓是一种被动渔法，其捕捞对象为大型渔获物，一些海洋渔业发达的国家大多以金枪鱼作为延绳钓的主要捕捞对象。金枪鱼的重量一般每条重 30～150kg，个别达 350kg，所以这种渔法又称金枪鱼延绳钓。金枪鱼延绳钓渔船一般需要对渔获物进行快速冷冻保鲜。玻璃钢的导热系数很低，具有良好的隔热性能，相比其他材料的船体结构，能够更好地节约冷能，并保持渔获物的新鲜，因此很适合用于建造金枪鱼延绳钓渔船，见图 1.4。

图 1.4 玻璃钢金枪鱼延绳钓渔船

2. 竿钓渔船

竿钓虽是一种古老的渔法，但现今还有人使用这种渔法捕捞一些大型洄游性鱼类，如鲣鱼、金枪鱼就是主要捕捞对象。由于鲣鱼一般有集群索饵沙丁鱼类以及喜爱下雨的特点，因此竿钓渔船利用这一特点进行捕捞。

另外，随着人们物质文化生活水平的提高，各地纷纷出台推进休闲渔业的相关政策。玻璃钢钓鱼艇作为休闲渔业产业的重要组成部分，也受到了更多的关注。玻璃钢钓鱼艇具有外形美观、航速高、舒适性好、价格低等优点，也是今后玻璃钢渔船发展的一个方向，见图 1.5。

图 1.5 小型玻璃钢钓鱼艇

1.3.4　渔业辅助船

渔业辅助船包括生产性渔业辅助船和非生产性渔业辅助船。生产性渔业辅助船包括渔业基地船、渔业加工船、围网作业辅助船、养殖使用船等；非生产性渔业辅助船包括渔业补给船、渔业运输船、渔业调查船、渔业培训船、渔业生产指挥船和执行渔政任务的渔政船等。

目前国内的玻璃钢渔业辅助船种类还比较少，主要集中在养殖使用渔船、渔业运输船、围网作业辅助船和渔政船等。

双船围网中拖带网头的小艇和多船围网中的工作艇都常采用玻璃钢小艇。

第2章　玻璃钢材料

建造渔船用的玻璃钢主要由玻璃纤维基材和不饱和聚酯树脂组成。这些材料的种类繁多，各厂都在生产各种不同特性的产品。因此，玻璃钢造船厂要根据自己的产品建造目的、设计和施工条件来选择所需的材料。特别是不饱和聚酯树脂，由于原料成分和配合比不同而有很大的差异，所以，在选择材料时要充分注意。另外，玻璃钢材料的存放和保管也关系到玻璃钢渔船制造的质量。

2.1　玻璃钢材料的基本性能

2.1.1　玻璃钢材料的优良性能

玻璃钢是综合性能比较优良的机械工程材料，它的优良性能主要体现在以下几个方面。

1. 比强度高

玻璃钢的密度为 1.4～2.0g/cm^3，只有普通钢材的 1/6～1/4，比铝还要轻约 1/3，而机械强度却能达到或超过普通碳钢的水平。例如，某些环氧和不饱和聚酯玻璃钢，其拉伸和弯曲强度均能达到 400MPa 以上，按比强度计算，已达到或超过某些特殊合金钢的水平，这对于建造玻璃钢渔船、提高船体强度、降低船体自重有着重要的意义。玻璃钢材料与几种常见金属及合金在密度、抗拉强度、比强度上的对比见表 2.1。

表 2.1　玻璃钢与金属材料性能对比

材料	密度/(g/m^3)	抗拉强度/MPa	比强度/(N·m/kg)
高级合金钢	8.0	1280	160
A3 钢	7.85	400	50
LY12 铝合金	2.8	420	160

续表

材料	密度/(g/m³)	抗拉强度/MPa	比强度/(N·m/kg)
铸铁	7.4	240	32
环氧玻璃钢	1.73	500	280
聚酯玻璃钢	1.8	290	160
酚醛玻璃钢	1.8	290	160

2. 耐腐蚀性能良好

玻璃钢材料具有优良耐化学腐蚀能力，与普通金属的电化学腐蚀机理不同，它不导电，在电解质溶液里不会产生电离。因而对大气、水和一般浓度的酸、碱、盐等介质有着良好的化学稳定性。特别是在强的非氧化性酸和相当广泛的 pH 值范围内的介质中都有着良好的适应性，对于某些腐蚀性较强的介质，甚至是不锈钢氧化的介质，如盐酸、氯气、碳酸溶液、稀硫酸、次氯酸钠和二氧化硫等，玻璃钢都有良好的适应能力。

3. 绝缘性能优良

玻璃钢是一种优良的电绝缘材料，用玻璃钢制造的设备不存在电化学腐蚀和杂散电流腐蚀。它可广泛用于制造仪表、电机及电器中的绝缘零部件，以提高电气设备的可靠性并延长其使用寿命。此外，玻璃钢在高频作用下有着良好的介电性和微波透过性，是制造多种雷达罩等高频绝缘产品的优良材料。几种玻璃钢的介电性能见表 2.2。

表 2.2　玻璃钢材料的介电性能

玻璃钢种类	介电常数	介电损失角正切
丁苯玻璃钢	3.5～4.0	$(3.5\sim5.0)\times10^{-3}$
邻苯二甲酸二异丙酯玻璃钢	4.0～4.8	$(0.9\sim105)\times10^{-2}$
聚丁二烯玻璃钢	3.5～4.0	$(4.5\sim5.5)\times10^{-3}$
307 聚酯玻璃钢	4.0～4.8	$(0.9\sim1.5)\times10^{-3}$
6101 环氧玻璃钢	4.7～5.2	$(1.7\sim2.5)\times10^{-2}$

4. 绝热性能突出

玻璃钢是一种优良的绝热材料。其导热系数为 0.4～0.52W/（m·K），只有金属的 1/1000～1/100，可用作良好的隔热材料和瞬时耐高温材料。几种常见材料的导热性能见表 2.3。

表 2.3　几种常见材料的导热性能

材料	比热容/[kJ/(kg·K)]	导热系数/[W/(m·K)]	线膨胀系数/(10^{-5}℃)
聚酯浇铸体	0.17	0.17	6～13
铁	0.46	75.6	1.2
铝	0.92	222	2.4
木材	1.38	0.09～0.19	0.08～0.16
玻璃钢	1.26	0.40	0.7～6

5. 表面光洁度好

玻璃钢材料表面光洁，一般和化学介质接触时表面很少有腐蚀产物，也很少结垢。玻璃钢船体与水面接触时间长，相对于其他材料船体结构，附着的污底少，因此摩擦系数也较低，可有效地节省船舶动力，提高船舶航速。

6. 结构可设计性好

玻璃钢是一种可以改变其原料的种类、比例和排列方式，以适应各种不同要求的复合材料。一般可通过以下途径改善某些性能，以制造满足各种不同要求的玻璃钢设备。

（1）改变树脂的种类并提高与介质相接触表面层的树脂含量，以提高耐腐蚀性。

（2）选用不同种类的纤维和控制玻璃钢中纤维的含量，以适应不同耐腐蚀性和强度的要求。

（3）改变纤维的排列，以适应不同方向的强度设计要求。

（4）采用外层、中间层和内层的不同玻璃钢结构，组成多层次的复合玻璃钢，以适应不同层次对耐腐蚀性和强度的不同要求，充分发挥材料的作用。

（5）改善树脂和纤维的界面状况，防止介质的渗透和扩散引起的制品脱层，延长玻璃钢的寿命。

（6）通过玻璃钢和金属的复合（玻璃钢衬里）、塑料和玻璃钢的复合（塑料外包玻璃钢）以及整体玻璃钢等形式，灵活地适应不同场合的要求。

7. 优异的施工工艺性

未固化前的热固性树脂和玻璃纤维组成的材料具有改变形状的能力，通过不同的成型方法和模具，可以方便地加工成所需要的任何形状。这一特点最适合于大型、整体和结构复杂的船体结构的施工要求，以及现场施工和组装。

2.1.2　玻璃钢材料的缺点

玻璃钢材料也存在一些缺点，介绍如下。

1. 弹性模量低

玻璃钢的弹性模量比木材大两倍，但比钢（$E = 2.1\times10^6$）小 10 倍，因此在产品结构中常感到刚性不足，容易变形。在使用时，可以做成薄壳结构、夹层结构，也可通过高模量纤维或者做加强筋等形式来弥补它的不足。

2. 长期耐高温性差

一般玻璃钢不能在高温下长期使用，通用聚酯玻璃钢在 50℃以上强度就明显下降，一般只在 100℃以下使用。通用型环氧玻璃钢在 60℃以上强度有明显下降。但耐高温树脂可长期保持工作温度在 200～300℃。

3. 存在老化现象

老化现象是有机化工材料的共同缺陷，玻璃钢也不例外，在紫外线、风沙雨雪、化学介质、机械应力等作用下容易导致性能下降。玻璃钢材料老化之后的性能变化见表 2.4。

表 2.4　玻璃钢材料老化后的性能变化

力学性能	玻璃钢种类	原始强度/MPa	10 年后强度/MPa	10 年后强度下降率/%
拉伸强度	环氧	290.77	244.22	16
	聚酯	293.21	228.73	22
变曲强度	环氧	330.06	260.68	21
	聚酯	292.04	224.91	23
压缩强度	环氧	216.58	160.23	26
	聚酯	199.43	139.65	30
变曲模量	环氧	1.73×10^4	1.11×10^4	36
	聚酯	1.59×10^4	1.02×10^4	36

4. *层间剪切强度低*

层间剪切强度是靠树脂来承担的，所以很低。可以通过选择不同工艺、使用偶联剂等方法来提高层间黏结力，最重要的是在产品设计时，尽量避免使层间受剪。

2.2　玻璃钢材料的组成

玻璃钢是目前产量最大、用途最广的复合材料，已成为复合材料的主体。玻璃钢是一种塑料基的复合材料，它是由合成树脂与玻璃纤维及其制品复合而成。合成树脂是一种有机化合物，玻璃纤维是一种无机化合物。玻璃钢是一种高强度的工程塑料，由于它比普通塑料的强度高得多，成型固化后，比强度高，可与钢材媲美，因而被称为玻璃钢。而且，它具有质轻、防腐、保温、绝缘、隔音、寿命长等特点，机械性能和物理性能良好，因此被广泛运用于国防、航空、造船、汽车、旅游、建筑等各个领域[4]。

合成树脂与玻璃纤维复合，主要靠合成树脂将松散的玻璃纤维或玻璃纤维布黏结在一起形成性能优异的复合材料。复合前，纤维是柔软的，树脂是流动的，但固化后，两者就能复合成高强度的玻璃钢。这是因为合成树脂与玻璃纤维复合时，树脂作为黏结剂，在引发剂的作用下，线形的树脂交联成网状结构的体形网络大分子，形成具有较高强度的固体物质。它把松散、柔软的玻璃纤维或玻璃纤维布固结在中间，使其成为玻璃钢的“骨骼”，起到了增强作用。复合成型性能主要取决于选择何种树脂和玻璃纤维及其增强基布的组织结构，不同的原材料及不同的组织结构会有不同的复合效果。常用的渔船用玻璃钢是由树脂和玻璃纤维在固化剂和促进剂的共同作用下固化形成。

$$\text{树脂}+\text{玻璃纤维}\xrightarrow{\text{固化剂、促进剂}}\text{玻璃钢}$$

2.2.1　树脂

树脂是组成玻璃钢的基体材料，它的质量决定着玻璃钢渔船的耐水性、抗老化性和船壳结构的固化强度，玻璃钢渔船使用寿命的长短关键在于树脂质量。树脂的品种很多，质量和价格差异很大，选择级别过高的树脂会造成渔船生产成本过高，影响玻璃钢渔船的产业化发展，而选择级别较低的树脂会影响渔船的质量和使用寿命。因此，根据渔船作业特点研究出适合制造渔船使用的树脂，以保证渔船制造质量和适度合理的造船成本是树脂研究的重要内容。常见树脂基玻璃钢种类见图 2.1。

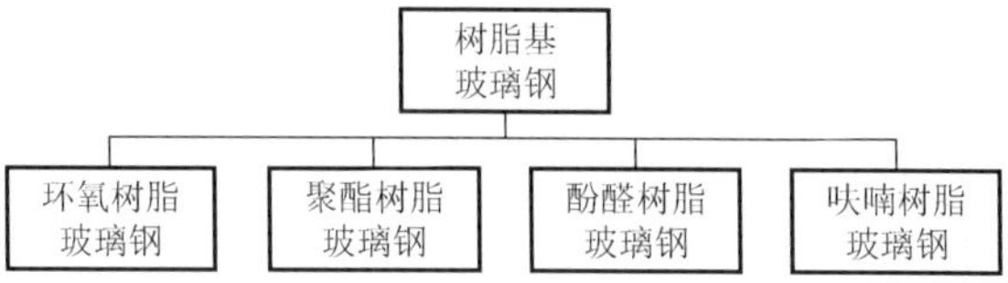

图 2.1　常见树脂基玻璃钢种类

（1）环氧树脂玻璃钢。环氧树脂玻璃钢是一种常用玻璃钢，其为浅色半透明体。它具有较好的耐腐蚀性，机械强度高，黏结力强，并具有一定的电绝缘性和耐碱能力。其原料环氧树脂为淡黄色高黏度透明体——间苯二甲酸系树脂。

（2）聚酯树脂玻璃钢。聚酯树脂玻璃钢也是一种常用玻璃钢，其为浅黄色半透明体，它具有一定的耐腐性能，机械强度较高，黏结力较强，同时具有一定的低压电尽缘性能。另外，聚酯树脂玻璃钢在固化过程中没有挥发物逸出，能常温压成型，具有固化施工方便的特点。

（3）酚醛树脂玻璃钢。酚醛树脂玻璃钢也是一种常用玻璃钢，其颜色为深棕色，它具有很高的耐腐蚀性，但机械性能较差。

（4）呋喃树脂玻璃钢。呋喃树脂玻璃钢颜色为黑色，其机械性能较差，但具有突出的耐腐蚀性，既耐酸又耐碱，还有较高的耐热性。

目前大多数渔船都是采用聚酯树脂作黏结剂、用玻璃纤维增强的复合结构。这种渔船使用期长，不易磨损，价格相对而言不高，而且维修简单。聚酯树脂是使用在玻璃钢艇体上的一种基体材料，但其有效期限、水密性能和黏合强度都不及环氧树脂。但环氧树脂价格较高，而且可能会损伤操作者的皮肤，所以在造船上一般很少使用。不过环氧树脂作为黏结剂具有不透水性，它对于木制船体，木芯和轻木芯的双层壳船体，仍不失为一种有价值的基体材料。

1. 按船艇成型方法分类

1）制作玻璃钢模具树脂

对于专门用来制作玻璃钢船艇模具的树脂，要求制作好的模具有完好的光洁度、较高的强度和刚度、寿命长、容易维护。常用来制作模具的玻璃钢树脂有不饱和聚酯树脂、酚醛树脂等。

2）胶衣树脂

胶衣树脂是制作玻璃钢制品胶衣层的专用树脂，是不饱和聚酯中的一个特殊品种，主要用于树脂制品的表面，呈连续性的覆盖薄层。它是为改善玻璃纤维、增强不饱和聚酯树脂基玻璃钢制品的外观质量，以及保护结构层的材质不受外界环境介质侵蚀而研制开发的。故胶衣树脂的主要作用是对玻璃钢制品的表面装饰和对结构层的保护。

3）手工积层用树脂

手工积层用树脂是手工糊制玻璃钢船体时所使用的树脂，一般手糊成型工艺用不饱和聚酯树脂。在固化时，手糊成型工艺用不饱和聚酯树脂，要容易浸透纤维增强材料，容易排出气泡，与纤维黏结力强；在常温下，一年四季树脂的凝胶、固化特性不能变化太大，而且要求收缩率小、挥发物少、不能产生流胶现象。

不饱和聚酯树脂是手糊成型中用量最大的树脂，占各种树脂用量的80%以上。该树脂品种多，造船用的树脂应该具有很好的耐水性能，浇注体吸水率小，抗冲击性能好，在船发生冲撞事故时不易产生微裂纹而发生渗水现象。

4）喷射成型用树脂

喷射成型用树脂是在玻璃钢喷射成型工艺中所使用的树脂。要求树脂易于喷射和雾化，以利于浸润玻纤材料，利于加入更多填料，降低成本。黏度过大时，喷出、雾化、浸润都可能出现问题。要求树脂的触变性良好，尽量保证树脂能够留存在喷射部位不流动。另外，树脂对纤维的浸渍性能良好，易于辊压脱泡。

5）真空导入成型用树脂

真空导入成型用树脂一般要求树脂具有良好的流动性能、低黏度、固化放热峰低、与玻璃纤维浸润性好、具有较好的耐热耐水性能、综合机械强度高。

2. 按是否添加促进剂分类

1）预促树脂

预促树脂是指提前加入促进剂（环烷酸钴）的树脂。有的工厂在树脂出厂之前，预先加入环烷酸钴促进剂。在积层作业前，预促树脂只需加入固化剂即可，它是一般常用的树脂。

2）未预促树脂

未预促树脂是指未加入促进剂的树脂。使用时先加入促进剂使促进剂与树脂充分混合，再加入固化剂混合。

3. 按使用季节分类

树脂按使用季节可分为春秋季型、夏季型、冬季型。

不同类型的树脂使用时主要根据不同地区、不同的使用环境来进行选择。

2.2.2　玻璃纤维增强材料

玻璃纤维是制造渔船用玻璃钢的另一个重要材料，玻璃纤维质量的优劣决定着玻璃钢渔船结构的强度和使用寿命。玻璃纤维品种很多，研究并选择适合各种玻璃钢渔船作业条件使用的玻璃纤维组合形式和玻璃纤维在船壳施工中的积层方法是保证玻璃钢渔船壳体制作质量、减少施工人员成本费用的重要内容。

玻璃纤维按形态和长度可分为连续纤维、定长纤维和玻璃棉；按玻璃成分可分为无碱、中碱、高碱、耐化学、高强度、高弹性模量和抗碱玻璃纤维等。

玻璃纤维是一种性能优异的无机非金属材料，成分为二氧化硅、氧化铝、氧化钙、氧化硼、氧化镁、氧化钠等。它是以玻璃球或废旧玻璃为原料，经高温熔制、拉丝、络纱、织布等工艺，最后形成各类产品。玻璃纤维单丝的直径从几微米到二十几微米，相当于一根头发丝的 1/20～1/5，每束纤维原丝都由数百根甚至上千根单丝组成。玻璃纤维通常作为复合材料中的增强材料。根据玻璃中碱含量的多少，可将其分为无碱玻璃纤维（含氧化钠 0～2%，属铝硼硅酸盐玻璃）、中碱玻璃纤维（含氧化钠 8%～12%，属含硼或不含硼的钠钙硅酸盐玻璃）和高碱玻璃纤维（含氧化钠 13%以上，属钠钙硅酸盐玻璃）。用来制作玻璃钢的玻璃纤维增强材料可以分为玻璃纤维纱、玻璃纤维织物、玻璃纤维毡等，见图 2.2。

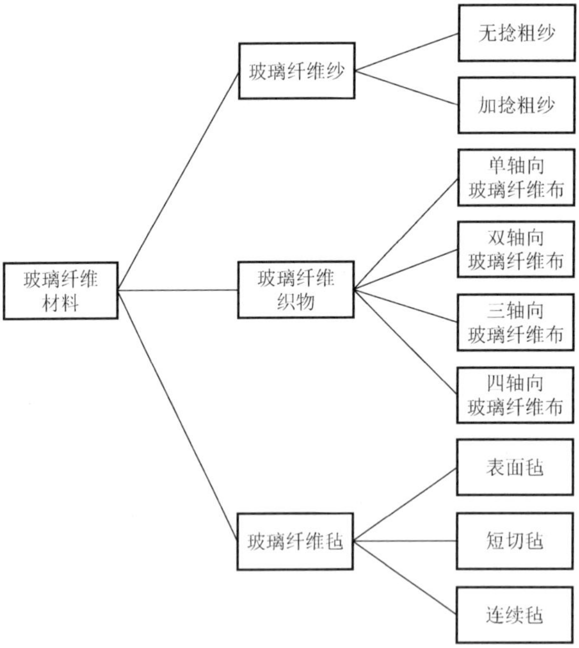

图 2.2　玻璃纤维材料的分类

1. 玻璃纤维纱

玻璃纤维纱分为无捻粗纱和加捻粗纱。无捻粗纱是由平行原丝或平行单丝集束而成的。无捻粗纱按玻璃成分可划分为无碱玻璃无捻粗纱和中碱玻璃无捻粗纱。无捻粗纱中的纤维是平行排列的，拉伸强度很高。由于不加捻，纤维较松散，易被树脂浸透。在船舶生产上采用玻璃钢喷射成型工艺时采用无捻粗纱，见图 2.3。

图 2.3　无捻粗纱

适合于玻璃钢喷射成型使用的无捻粗纱要具备如下性能：①良好的切割性，在连续高速切割时产生的静电少；②切割后分散成原丝的效率要高，即分束率高，通常要求在 90%以上；③短切后的原丝具有优良的覆模性，可覆盖在模具的各个角落；④树脂浸透快，易于被辊子辊平并易于驱赶气泡。

加捻粗纱抗拉效果好，纤维容易控制，在进行粗纱生产时纤维容易发生断裂，产生粉尘。粗纱退绕时不容易乱，可以减少飞毛和绕罗拉、绕胶辊现象；但加工过程复杂，产量低。加捻的目的是让两股纱绞合在一起，对于玻璃钢渔船玻璃纤维的浸润效果并不好。在进行玻璃钢生产时还是单股好一些，这样自由度大，便于玻纤含量调节。加捻粗纱在玻璃钢生产上应用少。

2. 玻璃纤维织物

玻璃纤维织物的种类很多，按照玻璃纤维的形态分类，常见的有玻璃纤维布、玻璃纤维带、玻璃纤维毡及无纺布等。玻璃纤维布根据织纹不同，分为平纹布、斜纹布、缎纹布、无捻粗纱布、单向布等。按照玻璃纤维织物的纤维轴向又可以分为单轴向玻璃纤维布、双轴向玻璃纤维布、三轴向玻璃纤维布和四轴向玻璃纤维布。

1）单轴向玻璃纤维布

单轴向玻璃纤维布是一种粗经纱和细纬纱织成的缎纹织物，见图 2.4，在经纱方向具有极高的抗拉强度。也有玻璃纤维单纬向布在 90°纬向具有高强度。玻璃纤维单纬向布采用直接玻璃纤维纱由经编织机编织而成。单轴向玻璃纤维布布面不易变形，渗透性能好，易于操作，是手糊成型和机械成型的理想基材。纱线是伸直且相互平行排列的，纤维的强度和刚度在复合材料中得以充分发挥，从而减少材料消耗、降低成本、提高复合材料的抗疲劳性及损伤容限，从而提高了材料的使用寿命及可靠性。

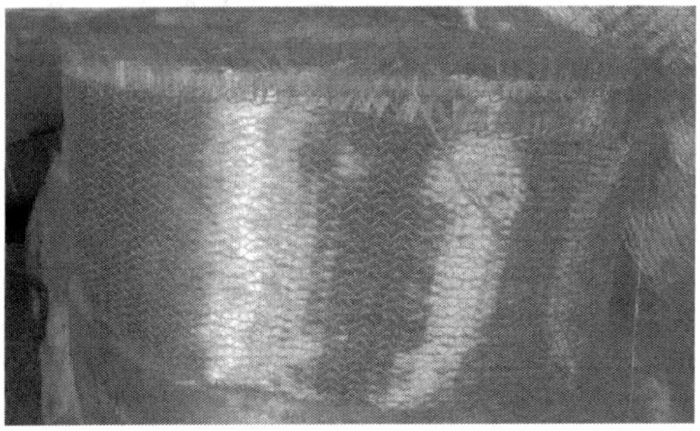

图 2.4　单轴向玻璃纤维布

2）双轴向玻璃纤维布

双轴向玻璃纤维布是两层粗纱构成的织物，两层粗纱成±45°或±90°排列，见图 2.5。双轴向玻璃纤维布具有良好的抗剪切性能。其强度主要在织物的经纬方向上，它可以在经向或纬向布置较多的无捻粗纱。

图 2.5　双轴向玻璃纤维布

3）三轴向玻璃纤维布

三轴向玻璃纤维布是指三层粗纱按 0°、±45°或 90°方向排列，见图 2.6。这种排列方式既在指定方向上具备优异的抗拉性能，又具备良好的剪切性能。

图 2.6　三轴向玻璃纤维布

4）四轴向玻璃纤维布

四轴向玻璃纤维布是指四层粗纱按±45°、0°、90°方向顺序排列，见图 2.7。这种纤维的排列方式既在指定方向上具备优异的抗拉性能，又具备良好的剪切性能。

图 2.7　四轴向玻璃纤维布

3. 玻璃纤维毡

1）表面毡

表面毡是由定长纤维或连续纤维黏结而成的一种薄而实的片材，见图 2.8。表面毡具有表面平整、纤维分散均匀、手感好、透气性强、树脂浸透速度快等特点。表面毡应用于玻璃钢制品，良好的透气性能使树脂快速渗透，彻底消除气泡和白渍现象。它良好的伏模性适合任何形状复杂的产品和模制品表面，能掩盖布纹，提高表面光洁度和防渗漏性，同时增强层间剪切强度和表面韧性，提高产品的耐腐蚀性和耐候性，是制造高质量玻璃钢模具及制品的必需品。表面毡适用于玻璃钢手糊成型，同时，因为毡薄、玻璃纤维直径较细，还可吸收较多树脂形成富树脂层，遮住玻璃纤维增强材料（如方格布）的纹路，起到表面修饰作用。

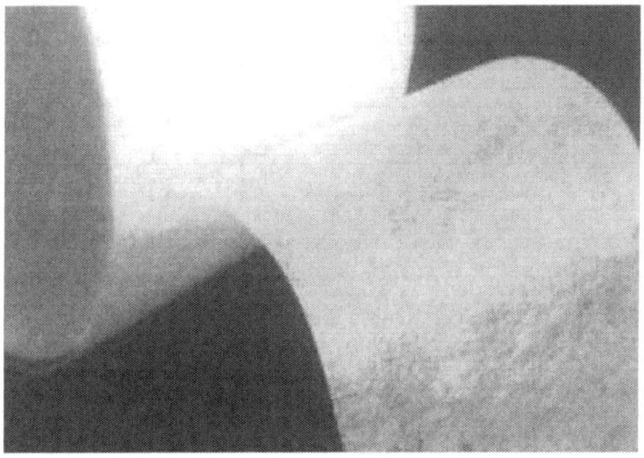

图 2.8　表面毡

2）短切毡

将玻璃原丝（有时也用无捻粗纱）切割成 50mm 长，随机但均匀地铺陈在网带上，随后施以乳液黏结剂或撒上粉末结剂经加热固化后黏结成短切原丝毡，见图 2.9。短切毡主要用于手糊工艺中。

图 2.9　短切毡

短切毡具有以下特点：

（1）沿宽度方向面积质量均匀。

（2）短切原丝在毡面中分布均匀，无大孔眼形成，黏结剂分布均匀。

（3）具有适中的干毡强度。

（4）有优良的树脂浸润及浸透性。

3）连续毡

连续毡是将拉丝过程中形成的玻璃原丝或从原丝筒中退解出来的连续原丝呈“8”字形铺敷在连续移动网带上，经粉末黏结剂黏合而成，见图 2.10。连续玻纤原丝毡中纤维是连续的，提高了纤维的渗透性，有利于树脂的浸润，所以其对复合材料的增强效果比短切毡好。

图 2.10　连续毡

2.2.3　固化剂

固化剂是指促进不饱和聚酯树脂固化反应的催化剂。树脂固化是经过缩合、闭环、加成或催化等化学反应，使热固性树脂发生不可逆的变化过程，固化是通过添加固化（交联）剂来完成的。玻璃钢船艇制作中常用的固化剂是过氧化甲乙酮，见图 2.11。

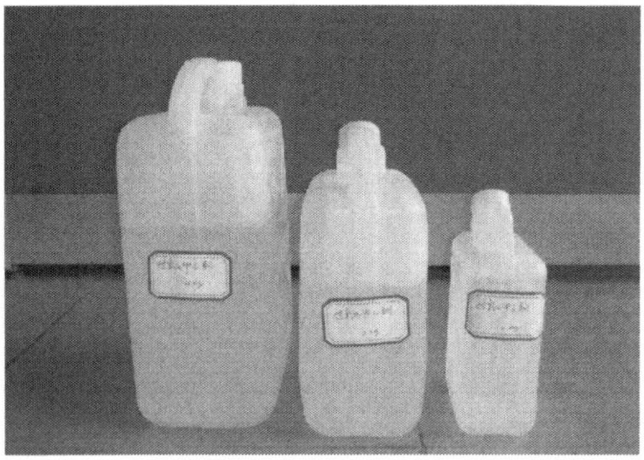

图 2.11 过氧化甲乙酮

2.2.4 促进剂

促进剂单独使用几乎不起什么催化剂作用，但与固化剂结合使用可促进固化剂的效果，起到缩短在室温下的聚合或固化时间的作用。不饱和聚酯树脂的固化剂为过氧化甲乙酮时，使用环烷酸钴促进剂，为过氧化苯甲酰时，使用二甲基苯胺等促进剂。部分树脂生产厂家在树脂出厂时就已经将促进剂混入。

促进剂是保证树脂固化时间和固化后的玻璃钢材料强度达到规定性能的重要材料。促进剂的添加量随着环境温度的变化而变化，研究适合制作渔船壳体所需要的各种树脂材料和对应的促进剂的种类和添加比例，是渔船专用树脂研究的又一重要技术内容。

2.2.5 玻璃钢夹层结构

在玻璃钢结构中增加夹层，分隔表皮材料，可提高弯曲强度、减轻重量。具有相同负荷能力的夹层结构要比实体层状结构轻好几倍。芯材还能对整体强度起加强作用，能降低单位体积的成本、削弱噪声与震动、增加耐热、抗疲劳防火性能等。用于玻璃钢材料夹层结构的夹芯材料主要有硬质泡沫夹芯材料、蜂窝夹芯材料、轻木夹芯材料三类。

硬质泡沫夹芯材料主要有聚氯乙烯（polyvinyl chloride，PVC）、聚氨酯（polyurethane，PU）、聚醚酰亚胺（polyether imide，PEI）和丙烯腈-苯乙烯（acrvlonitrile-styrene，SAN 或 AS）、聚甲基丙烯酰亚胺（polymethacrylimide，PMI）、

发泡聚酯（polyester，PET）等。

蜂窝夹芯材料有玻璃布蜂窝、Nomex 蜂窝、棉布蜂窝、铝蜂窝等。蜂窝夹层结构的强度高、刚性好，但蜂窝为开孔结构，与上、下面板的黏接面积小，黏接效果一般没有泡沫好。

轻木夹芯材料是一种天然产品，市场常见的轻木夹芯主要是指巴沙木，见图 2.12。由于气候原因，巴沙木生长速度特别快，所以比普通木材轻很多，且其纤维具有良好的强度和韧性，特别适合用于复合材料夹层结构。

图 2.12　巴沙木

这些芯材起夹层结构件的支持作用，主要是保持面板间距。芯材的作用机理是将剪切力从表皮层传向内层，使两个表皮层在静态和动态载荷下都能保持稳定，并且吸收冲击能以提供抗破坏性能。PU 和 PVC 是无效芯材，它们对夹层结构件的拉压刚度及弯曲刚度的作用是可以忽略不计的。目前 PVC 泡沫已几乎完全代替 PU 泡沫作为结构芯材，只是在一些现场发泡的结构中除外，见图 2.13。

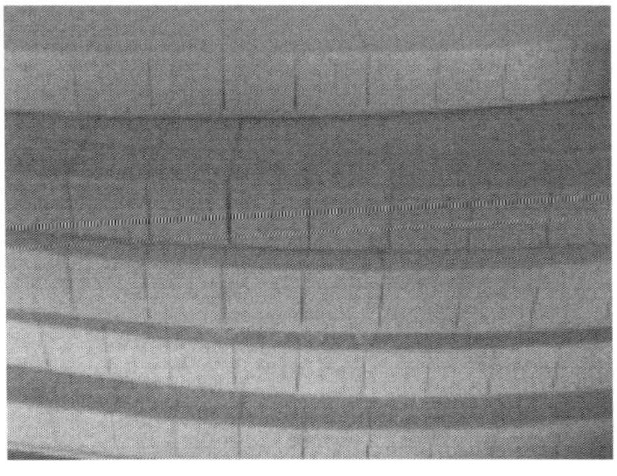

图 2.13　PVC 芯材

常规的交联 PVC 泡沫已在船舶中广泛应用。瑞士海军的护卫舰使用了 28m、13.5m、0.09m 片状构造的丁二烯蜂窝夹芯材料。聚氨酯发泡夹芯材料也常用于船舶的建造。大型冷藏拖网渔船很多是整体成型的夹芯结构，用玻璃布制作内外蒙皮，夹芯材料的厚度为 100mm。该类船具有轻质、高强、耐海水腐蚀、抗微生物附着以及吸收撞击能等特点。很多船艇的船底、表面使用标准的轻质木，以保证最大的剪切强度和挤压强度；船前部和甲板使用密度较低的轻质木；隔壁面板、室内地板和家具也使用轻质木夹芯材料。

玻璃钢蜂窝是模仿六角型蜂巢结构制作的夹层结构，它的结构比任何圆形或正方形的结构更强有力，能承担来自各方的外力，见图 2.14。把芯材结构做成蜂窝形状，能承受很大的外力，而且不易变形，可以回收利用。这样不仅减少了原材料的消耗，而且能美化环境。蜂窝复合材料是将上下两层薄板、中间夹六角形的蜂窝状纸芯用胶粘贴而成。

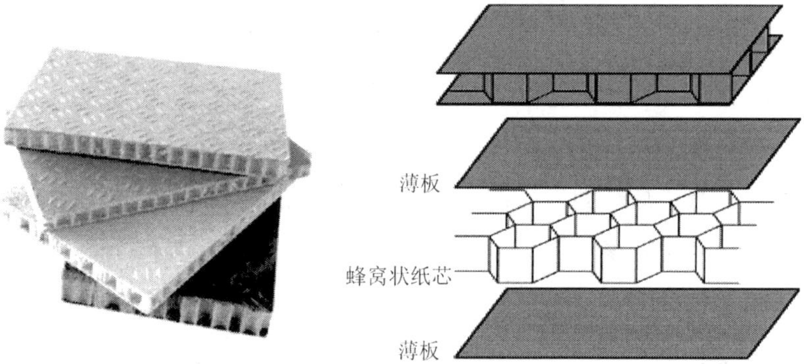

图 2.14 玻璃钢蜂窝结构

另外，还有一些其他夹层材料，包括多层胶合板、松木、玻璃钢等。多层胶合板、松木属于有效芯材夹层结构件，在进行拉压刚度及弯曲刚度计算时，应计及芯材本身的刚度。

在采用木质芯材时，使用的木材种类有柳桉木（又名婆罗双树）、揭布罗香木、美国松等。木材选用要求无节、无干裂、无轮裂、无心裂、无压缩破坏、无反木以及无斜行纹理、腐烂、变色、树脂条、夹皮、弯曲、扭曲、孔穴等缺陷，干燥度达到 12%以下。

胶合板用作甲板、隔壁面板、舱柜的芯材。胶合板使用耐水性好的苯酚树脂或间苯二酚树脂作胶接剂，另外也使用密胺胶接剂。

2.2.6　脱模剂

玻璃钢船艇工艺成型过程都必须用到脱模剂，脱模剂是其生产过程中必不可少的辅助材料。脱模剂分为外脱模剂和内脱模剂。外脱模剂是为防止成型的制品黏附在模具上，在制品与模具之间施加一层隔离膜，以便制品能够很容易地从模具中脱出，同时保证船艇表面质量和模具完好无损。内脱模剂是将一些熔点比成型温度稍低的化合物加入树脂中，它与液态树脂相融，在一定温度条件下，从树脂基体渗出，在模具和制品之间形成一层隔离膜。

凡是与合成树脂黏结力小的非极性或极性微弱的一类物质，都可以作为脱模剂。但脱模剂必须符合下列条件：

（1）使用方便，成膜时间短。

（2）不腐蚀模具，不影响树脂固化。

（3）成膜均匀、光滑，对树脂的黏附力小。

（4）操作安全，对人无毒害。

（5）价格便宜，来源广泛，配制简单。

一种脱模剂同时满足上述条件比较困难，某些情况下，要同时使用几种脱模剂才能满足使用要求。

选用脱模剂时，主要考虑下列两个方面的因素：

（1）模具材料、树脂种类和固化条件。

（2）制品的成型周期和脱模剂的成模时间。

脱模剂的种类很多，常见的有薄膜状、溶液型、石蜡、油膏类以及复合型。

1. 薄膜状脱模剂

薄膜状脱模剂主要有玻璃纸、聚酯薄膜、聚氯乙烯薄膜、聚乙烯薄膜、聚四氟乙烯薄膜等。这类脱模剂使用方便，只要用一般油膏把薄膜粘贴在模具的工作表面上。此类脱模剂脱模也很方便。但薄膜变形性小，使用有一定的局限性，在复杂的型面上不易贴平。聚氯乙烯薄膜和聚乙烯薄膜不适用于聚酯玻璃钢的脱模，因为树脂中的苯乙烯易把这两种脱模剂溶胀。

2. 溶液型脱模剂

溶液型脱模剂很多，应用最为广泛。常用的有以下几种。

1）聚乙烯醇脱模剂

聚乙烯醇脱模剂是目前国内最常用的一种脱模剂。它价格便宜、无毒、来源方便、使用性能好，它的使用温度在 150℃以下，若在 120℃以下使用，则脱模效果更好。

2）聚苯乙烯脱模剂

聚苯乙烯脱模剂用于环氧玻璃钢脱模效果较好，但不能用于不饱和聚酯玻璃钢的脱模，因不饱和聚酯树脂中的苯乙烯对聚苯乙烯有溶解作用。这种脱模剂成膜时间短，成膜平滑光亮。但共溶剂甲苯毒性大，使用时应具有良好的通风条件。它的使用温度在 100℃以下。

3）过氯乙烯脱模剂

过氯乙烯脱模剂渗透性好，适用于木材、石膏等多孔性材料的封孔，但不宜与制品直接接触，常与其他脱模剂复合使用。它的使用温度在 120℃以下，储存要密封。

4）醋酸纤维素脱模剂

醋酸纤维素脱模剂成膜光洁、平整，使用方便，毒性小。但某些溶剂来源不便，价格较贵。这种脱模剂适用于聚酯玻璃钢的脱模，不能用于环氧玻璃钢的脱模，因它与环氧玻璃钢会产生一定的黏附力，脱模后不易清除，所以最好与聚乙烯醇复合使用。将醋酸纤维素涂在模具上，然后将聚乙烯醇涂在它的表面与制品接触，这样脱模效果较好，使用温度可达 150℃。

5）硅油、硅脂和硅橡胶等有机硅脱模剂

有机硅脱模剂脱模效果好、耐高温，所以常用作高温脱模剂，一般可在 200℃

以下使用。

在使用溶液型脱模剂时，必须使其彻底干燥，以防止未挥发的溶剂对制品的固化及质量有不良的影响。对于重复涂刷的脱模剂，也必须等第一次涂刷的涂膜干燥后再涂第二次，否则不仅得不到重复涂刷的效果，而且有时会损坏前一次未干的涂膜，形成小突起和皱纹。

3. 石蜡、油膏类脱模剂

常用的石蜡、油膏类脱模剂有石蜡、汽车蜡、地板蜡、耐热油膏、石蜡汽油液、凡士林油等，常用的玻璃钢脱模蜡见图 2.15。这类脱模剂使用方便、无毒、对模具无腐蚀作用，但易使制品表面沾污、不光洁，并且会给制品表面上漆带来困难，一般适用于室温固化，因此在使用上受到一定限制。

图 2.15　脱模蜡

4. 复合型脱模剂

两种脱模剂复合使用称为复合型脱模剂。对于大型制品或形状复杂的制品，采用两种脱模剂复合使用，脱模效果更理想一些。这是因为尽管各种脱模剂的黏合力比较低，但在脱模剂与模具及制品的界面上仍有一定的黏附力。若采用复合脱模剂，制品脱模时在黏合力最小的两层脱模剂之间分离，这样对于大型制品和形状复杂的制品，以及模具强度不高的情况（如石膏模）有一定的效果。常用的复合脱模剂如下：以漆片、过氯乙烯清漆或硝基喷漆封孔，以醋酸纤维素作中间层，以聚乙烯醇作外层；以过氯乙烯或聚苯乙烯作中间层，聚乙烯醇作外层等。

具体选用哪一种脱模剂，应以达到最佳脱模效果而又不污染制品为条件。

2.2.7 防磨材

防磨材是玻璃钢渔船的重要防护材料，它的作用是防止船体受到摩擦和碰撞而损坏。玻璃钢船体与岸边石块、混凝土构筑物、金属构件摩擦碰撞时会产生擦痕等损伤，应采取防护措施。如在经常受摩擦的艏部、靠码头部位及舷边等处设置防撞耐磨的金属及橡胶护舷材料，在甲板上铺设耐磨的橡胶、塑料软材等，这些材料称为防磨材。

日本等国家的渔船早期一般采用发泡聚乙烯塑料型材做防磨材。该种材料质量轻、抗老化、不变形，既具有一定弹性，又具有足够的强度和韧性，并且安装方便。中国现有玻璃钢渔船一般使用橡胶防磨材。橡胶防磨材价格便宜，取材方便，是传统木质渔船和钢质渔船的常见防磨材料，渔民也将其应用到玻璃钢渔船上。但橡胶易老化，老化后失去弹性，连接处易造成船体漏水。目前，小型玻璃钢渔船有很多也采用与玻璃钢游艇相似的 PVC 或者聚乙烯防磨材。防磨材的应用可以有效地延长船舶的使用寿命，对船舶的日常维护起到积极作用。研究防磨材是提高玻璃钢渔船制造质量的重要环节。

2.3 船用玻璃钢材料的选用与保存

在渔船制造厂家，制造玻璃钢的原材料是单独存放的。玻璃纤维存放一段时间后其强度会降低，这种现象称为纤维的老化。这主要是空气中的水分对纤维侵蚀的结果。化学稳定性较高的纤维强度降低较少，例如同样存放两年，有碱纤维强度降低 33%，而无碱纤维强度降低很少。

2.3.1　玻璃钢材料的选用

1. 玻璃纤维增强材料的选用

选用玻璃纤维增强材料不但要了解它们的性能和适用性，而且要了解与树脂的浸润性有关的问题，所以选用时最好在玻璃钢造船厂进行浸润性试验，并测试结果加以确认。

1）玻璃纤维毡

玻璃纤维毡主要用于手工积层成型，一般应具有如下特点：单位面积重量均匀，从肉眼观察的话应该表面无纤维成股脱落或者表面剥离；玻璃纤维表面无污损，含水率低，没有受潮现象；树脂浸润后股线无松弛，脱泡容易。

2）玻璃纤维布

玻璃纤维布在玻璃钢积层成型时起到增强结构强度的作用，从施工角度来说，玻璃纤维布应该具有浸润性好、脱泡性能好等特点。玻璃纤维布还应该纹路均匀、纤维无分离、表面无污损。在使用前，玻璃纤维布应该足够干燥、回弹力小、表面柔软，浸润充分后，能够易于平整褶皱。

3）玻璃纤维束

玻璃纤维束是喷射成型工艺使用的增强材料。要求喷涂机械、树脂、玻璃纤维之间要有很好的匹配。选用的时候要满足纤维束硬度适中、切断性能良好、切断的碎纤维分布均匀、与树脂的浸润性能好的要求。

2. 树脂的选用

在树脂的选用上，按照不同玻璃钢使用目的有各种树脂。另外，由于制造厂对树脂的配合比比例不一致，因此玻璃钢也有性能不定性的问题。

图 2.16 中所示曲线称为常温固化试验曲线，是将试料装入试管，再将试管借放入 25℃的恒温池中，测量试样 25～30℃的凝胶化时间和达到最高发热温度的最短固化时间。在进行树脂选用时生产厂家应将此结果填在试验成绩表中。

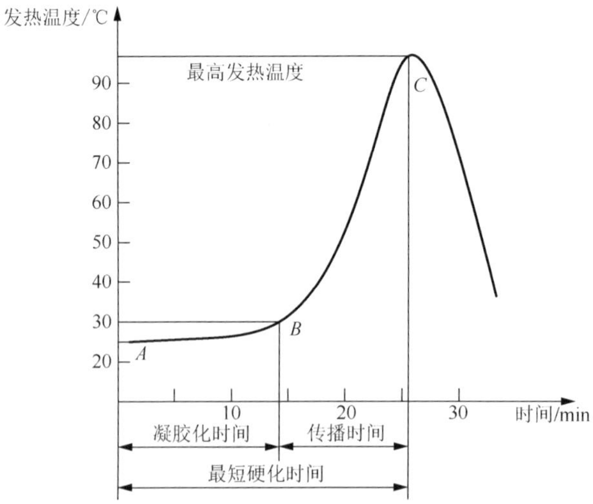

图 2.16　不饱和聚酯树脂固化发热特性曲线

一般用固化发热曲线来表示液态树脂的性能，但曲线也不能完全准确地表征其性能，所以，推荐采取接近现场实际情况的办法，用玻璃纤维毡与树脂含浸试验来确认其性能，根据试验结果决定是否选用。

使用树脂的室温常有变化，凝胶化时间（也称活化期）也得调整。另外，当实际将玻璃纤维基材与树脂含浸时，可积层时间也有变化，所以用实物在接近实际的情况下进行试验确认是最好的办法。

此外，黏度、触变黏度、酸值、相对密度等数据也应填入试验成绩表中，其中除酸值外均为25℃时的数值。

1）胶衣树脂

玻璃钢船艇的寿命很大程度上由胶衣树脂来决定。在玻璃钢船艇的暴露表面做一层树脂含量较高的胶层，称为胶衣层。通常在建造的过程中，还要将所需的颜料加入胶衣层内，也常称为装饰层。用于胶衣层的树脂应具有良好的弹性和耐冲击性、耐水性、耐候性等性能，并能与制品的增强层很好的黏合。胶衣层不仅起装饰作用，更重要的是可保护制品免于环境因素的不良影响，从而提高制品的耐老化性能，延长制品的使用寿命，因而胶衣树脂不仅能够保持船体外观，也有保护玻璃钢积层的作用，所以在进行胶衣树脂选择时，要选择兼顾的树脂类型。

胶衣树脂在选择时，应当具有以下特点。

（1）涂层时不下垂。胶衣树脂涂层黏度和温度应适宜。25℃时的标准值应保持在黏度 15～18Pa·s，触变黏度 4～6（6/60r/min）为适宜。

（2）胶衣层涂膜要强韧。胶衣层涂膜的机械性能标准应满足拉伸强度 4～5MPa，伸长率 2%～3%，冲击韧性值 0.2～0.3J/cm^2。

（3）胶衣层涂膜不收缩。胶衣层在船艇表面不会因收缩而导致龟裂破损。

（4）胶衣层涂膜的颜色和光泽持久。胶衣层涂膜在船艇的外表面，应能保持长期鲜亮的颜色和光泽持久，不褪色，不掉色。涂层树脂的耐候性、耐水性、耐油性、耐酸性和耐碱性都要好。

（5）涂膜不易被苯乙烯单体侵蚀。模具用凝胶涂层树脂，除考虑模具的使用寿命外，还要保证耐热性好。为此，采用异邻苯二甲酸系的凝胶涂层树脂。

2）积层用树脂

积层用树脂要根据船的大小、积层工程的各种工艺条件来选择，不能一概而论，在选择时，应考虑树脂的共同特点。

（1）积层作业时下垂少。积层用树脂中也混合着气凝胶，25℃时树脂黏度应在 3～6Pa·s，触变黏度在 1.5～2.5（6/60r/min）为适宜。

（2）胶接性好。树脂与玻璃纤维的胶接性能同玻璃纤维的处理应综合考虑。胶接强度虽然没用数值表示但可以根据破坏试验观察。

（3）苯乙烯单体的含量适宜。苯乙烯单体含量根据树脂不同而异，有的为35%～50%，但含量过多的话，在固化时树脂变脆，还会变薄，所以 40%以下为好。

（4）浸润性适宜。苯乙烯单体含量高虽然易于浸润作业，但也有变脆和变薄的影响。浸润性与黏度也与浸润性有关系，所以应选择均衡性好的产品。

（5）树脂制作的模具应具有适当的强度。模具的巴柯尔硬度应在 40 以上，拉伸强度 40～50MPa，拉伸弹性模量 3000～4000MPa，拉伸率 1%～1.5%。

2.3.2 玻璃钢材料的保存

1. 纤维材料保存

玻璃纤维材料向生产厂家批量订购，玻璃纤维基材成卷状装在聚酯袋中，有的外部还有硬纸箱包装，存放时应该注意以下几个方面。

（1）保持存放处所干燥，避开潮湿的环境。

（2）横卧放置，不要立放。

（3）适当离开地面一定高度，至多堆放三层，必要时需要搭格板架。

（4）在保管场地不要开捆，防止附上灰尘。

玻璃纤维材料在使用时，一般需要进行剪裁，在剪裁时应该注意以下几个方面。

（1）开捆前要扫去灰尘。

（2）在剪裁场地，向成卷的玻璃纤维毡或玻璃纤维布的中心插入芯棒，并且应具有能够吊起它们的设备。

（3）在平坦的台面上进行剪裁。

（4）裁剪好后，要放进格板架内防止附上灰尘。

在进行船体积层作业之前，应该注意以下几个方面。

（1）在保管场所积层作业时，如果温差太大会结露水，所以积层作业前，要将玻璃纤维产品的温度调节到和作业场地的温度相同。

（2）潮湿的玻璃纤维基材不得使用。

2. 树脂的保存

造船用的树脂通常都是可燃的，而所有液态聚酯都含有苯乙烯等交联剂，容易挥发，不仅会污染环境，而且容易造成树脂组分的比例失调，固化不良，因此必须密封保存。阻燃树脂虽然难燃但并非不燃，因此必须离开火源，放在阴凉、通风的地方，避免被雨淋、日光暴晒，防止火源和氧化物接近。一般不饱和聚酯树脂储存期为 3 个月（25℃以下）；20℃情况下可保留 6 个月（从生产日算起）；在较高温度下，即使只保存几天也会显著降低其寿命。因此，聚酯树脂应尽量保存在低温下（包括冷库内），要经常检查储存期，并且应尽量在保质期内用完。光和热容易造成聚酯凝胶和固化，如将其直接暴露在日光下，一般两天就会凝胶，因此聚酯不宜储存在无色玻璃罐中，或在烈日下运输，应储存在金属桶中放在阴暗通风处。

在进行玻璃钢积层作业时，如树脂不慎与皮肤接触，应用洗衣粉清洗干净，反应严重者应就医。另外，促进剂与固化剂不能同时加入，二者相加容易引起爆炸和火灾，必须隔离存放。

树脂在调和时要注意以下内容。

（1）使用干净的容器盛装树脂，不要让异物或水进入。

（2）根据温度和活化期，使树脂和固化剂的混合比例保持在一定的范围内。要在充分掌握树脂特性的基础上决定混合比例。

（3）树脂罐要立放，要防止积存气溶胶。长时间积存时，气溶胶有时会分离积存在上部。

（4）开罐之前要与积层作业场所环境的温度一致。如果储存场所和积层作业场所有温度差，要在两天前把盛有树脂的罐搬到作业场地或提前加温到与作业场地的温度一致。如果不这样做，由于温差关系，罐内有时会结成冷凝水。

2.4 玻璃钢的固化特性及质量判别方法

2.4.1 玻璃钢的固化特性

将混合有适量固化剂的二液型不饱和聚酯树脂充分浸入玻璃纤维基材之后，树脂发生聚合反应，并在一定时间内固化成为玻璃钢产品，用时间和硬度之间的关系来表示树脂趋于固化的变化特征称为树脂的固化特性。

1. 树脂的固化条件

一般在建造玻璃钢渔船所使用的树脂的固化条件中，影响最大的是数层作业时作业场的温度、树脂本身的温度和固化剂的用量。

1）作业场地的温度要求

对于最理想的作业场温度，不同国家的标准和规范规定的温度范围也不尽相同。比如，中国农业部渔业船舶检验局《玻璃纤维增强塑料渔业船舶建造规范》（2008）规定的温度为 15～32℃；日本《玻璃钢船特殊标准》规定的温度为 18～22℃；英国劳氏船级社规定的温度为 18～21℃；美国 ABS 船级社规定的温度为 16～32℃。

根据上述规定可知，在各种场合下作业场的温度都不得低于 15℃。低于这个温度则会产生固化不良。

2）树脂的温度

作业场的温度虽然适宜，但是，因为树脂一般保存在阴冷的场所，如果从仓库里取出来就使用，由于树脂本身的温度低于作业场的温度，所以往往会出现冷凝水。树脂中如果混入水分将妨碍硬化，还会导致发热使温度降低，而成为固化不良的原因。所以要预先将树脂温度提高到作业场的温度或比作业场的温度高 3～4℃。

3）固化剂用量

根据积层作业场的温度，调节加入固化剂的数量。一般以树脂的重量为 100 份时，加入的固化剂数量在 0.5～2.0 份。

2. 玻璃钢的固化条件

玻璃钢的固化除了考虑树脂的固化条件外，还要考虑玻璃纤维的参与。

1）玻璃纤维的潮湿度和清洁度

玻璃纤维基材保存时和从温度低的场所搬运到温度高的积层作业场过程中，如果潮湿度大则有结露的可能。使用潮湿度大的纤维进行积层时，将影响树脂的胶接质量，胶接不良处固化后发白，强度变差。解决的办法是将它保存在不潮湿的干燥场所。其次，在积层作业之前，使树脂温度与积层作业场所的环境温度相协调。另外，灰尘也有碍固化，所以要保持清洁。为此须设剪裁室，玻璃纤维剪裁好之后要放到清洁的隔板架上，如果不马上使用要装入聚乙烯袋中。

2）玻璃纤维的温度

不仅防止玻璃纤维潮湿需要调节温度，为了使玻璃纤维与树脂结合牢固，还需要在积层的头两天使玻璃纤维与积层作业场的环境温度一致，并且要使玻璃纤维内部的温度均匀。

3）玻璃纤维的胶接性能

玻璃纤维与树脂不发生化学反应，相反，玻璃纤维具有不含浸树脂的特性。因此，提高两者的胶接性能的方法是，尽量采用细致均质的玻璃纤维。另外，采用药剂对玻璃纤维进行表面处理，以提高胶接性能。

满足以上条件后，还要看积层时的工艺操作水平，这对胶接性能有很大的影响。其表现是存在于玻璃纤维表面上的空气层、空泡和混入树脂中的空气粒子。虽然树脂有充分的固化特性，但对于玻璃钢的固化性能来说，不能充分保证性能的话，还不能说是优良的。

3. 玻璃钢的固化特性

树脂的固化特性也是发热固化特性，用时间来表示玻璃纤维基材和树脂含浸时的固化特性（固化状态）应用上较为方便。如图 2.17 所示，将不能用硬度计测出硬度的状态也包括在内，用一条曲线明确地表示出来，便于现场施工参考。

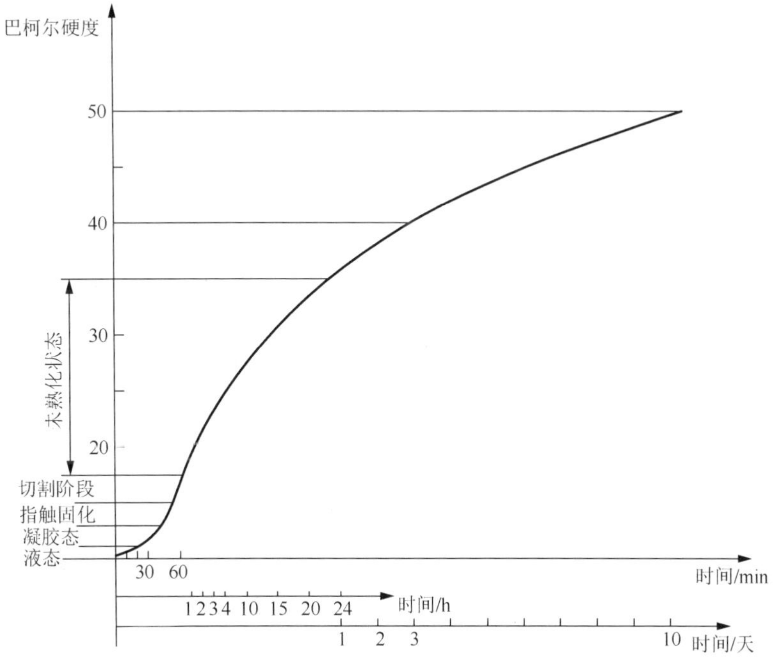

图 2.17　玻璃钢的固化特性曲线

从图 2.17 上看，往树脂中混合固化剂时活化期就开始了，将其浸润到玻璃纤维基材中进行积层就是积层的开始。在积层期间呈液态状，以后就逐渐凝胶化。

下一阶段固化成固体状，开始固化时，表面呈软状态，此时用手触摸不黏手，这叫指触固化。再经过 15min 就形成用刀易于切割的状态，所以要在这个时候抓紧时间切去多余的和做坏了的部分。

再以后就称为未熟化状态，这是积层作业最重要的状态，这个状态的时间因树脂不同而不同。如果要积下一层就得在这个状态进行，否则影响质量。

一般用巴柯尔硬度计测量玻璃钢的固化程度。此时测量的是树脂的硬度，不要测量玻璃纤维钢的硬度。测量硬度是了解固化程度的最好方法，但最好与树脂的原有硬度进行比较。

树脂开始固化的最初几小时内的硬度很低，而且这个硬度没有什么用处。但是经过半天或一天之后硬度值会显著地提高。

一般积层后经过 1～2 天，硬度达到 40 左右，这个硬度值是可以脱模的标准值。如果低于这个硬度值进行脱模，则脱模后的船壳易变形。

硬度为 40 时还未完全固化，经过一些时间之后硬度逐渐提高。完全固化要在 15 天之后，一般 30 天左右硬度达到 50 左右。如果在积层后进行加热则可缩短固化时间，这种作业称为后固化。

2.4.2 玻璃钢的质量判别方法

玻璃钢的质量判别方法并不特定统一，要根据使用目的来判断。但就渔船来说，不管属于哪一种类型，只要是出海作业就与人的生命有关，判断好坏的标准基本上是一样的。

1. 建造渔船的玻璃钢必须满足的要求

1）充分固化

将混合有固化剂的不饱和聚酯树脂充分浸入玻璃纤维材料基体后，树脂会发生聚合反应，渔船用的玻璃钢要求树脂在较短的时间内固化成为玻璃钢。在积层期间，树脂呈液态，之后树脂逐渐凝胶、固化，表面软，但用手接触时不黏手，达到指触固化。再经过十几分钟后，可以通过剪刀裁剪，将玻璃钢的边缘余量剪切掉。之后是玻璃钢的未熟化状态，时间大概在 24h 左右，随温度环境会发生变化，此时可以进行下一层的积层作业。

2）机械强度大

渔船用玻璃钢应具有足够的机械强度，以保证渔船在海上作业生产时能承受海浪的冲击。具体应满足相应的渔业船舶建造规范的要求。

3）收缩率小

玻璃钢渔船建造完成后，船体不应有显著的收缩变形，能够保持船体型线光顺。

4）吸水率低

渗水后会严重破坏玻璃钢的强度，因此玻璃钢成型后应满足吸水率低的要求。

5）厚度适宜且均匀

手工积层作业时，如果技术不熟练容易造成厚度不均匀，影响船体强度和外观。

6）质地均匀

玻璃钢的树脂和纤维的分布应该相对均匀，同一结构位置含量和比例基本能够保持一致。

7）无白化、气泡等缺陷

糊制完成的玻璃钢应无白化、气泡等缺陷，导致局部强度降低。

2. 船用玻璃钢质量的判断

玻璃钢质量的好坏，有的可用肉眼观察判断，有的可以简单地测量出来，有的则要进行试验。

1）固化程度的判断

玻璃钢需要充分固化，而固化程度一般用巴柯尔硬度计进行测量。随着固化的进行，其硬度相应提高，两条船玻璃钢固化时间与硬度之间的关系如图 2.18

所示。

但是，硬度和固化程度的关系不是固定的。从图 2.18 中可看出，不同的船在固化时间上有一定的差别，完全固化要经过较长时间。一般认为 30 天左右是完全固化所需的时间，但是也有船舶在一年的时间里持续硬化。这个差异是由树脂的种类、质量、添加剂和建造厂的积层工艺方法及条件的不同等多种因素造成的。

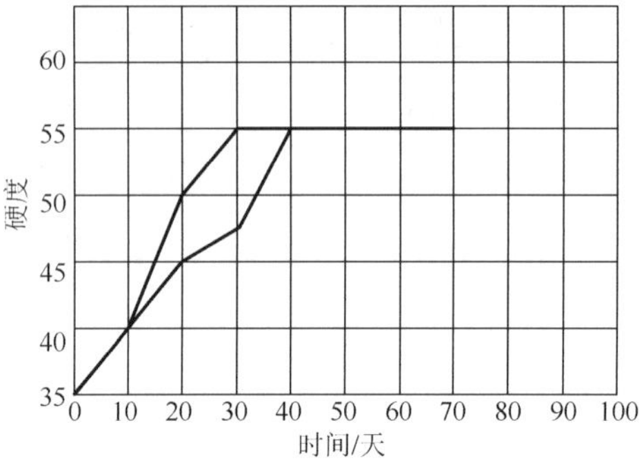

图 2.18　玻璃钢固化时间与硬度关系

玻璃钢有弹性，结构件也是利用它的这个特点进行设计的，所以虽然它的硬度稍低一些，但只要符合设计数值要求就可以使用。

2）机械强度的判断

玻璃钢因玻璃纤维的构成、树脂的成分和积层作业的工艺条件等的不同，其机械强度的差异极大。受不同的玻璃钢渔船建造工艺和环境条件影响，机械强度也会发生较大变化，应单独进行测定。

玻璃纤维毡和玻璃纤维布的拉伸强度和弯曲强度的差异极大。但是，抗压强度却大致相同，而弹性模量则是玻璃纤维布比玻璃纤维毡大得多。

3）疲劳试验的判断

只对玻璃钢进行静态试验是不够的。因为船体受交变应力载荷，所以还要考查其疲劳强度。而且，不能如同金属材料试验那样取小型试验片，要用大型试验片进行试验，否则试验结果误差较大，不够准确。把试验片在各种工艺条件下积层，用疲劳试验机进行疲劳测试。

4）玻璃纤维含量的判断

玻璃纤维含量是玻璃纤维基材重量在总重（玻璃纤维基材+树脂）中所占的比例。按照特殊标准的规定，计算厚度时采用的玻璃纤维含量为玻璃纤维毡占 30%，玻璃纤维布占 50%，但仍需要根据玻璃钢实物进行测量。

测量玻璃纤维含量的方法是从玻璃钢板上取 2cm×2cm 左右的试片，将试片称重后放入坩埚中烧净树脂，然后测量剩余玻璃纤维的重量，与燃烧前的重量进行比较，求出重量比。

玻璃纤维含量过高或者过低都不好。目前，由于树脂的浸润性有所改进，出现树脂量减少、玻璃纤维量增多的趋势。

5）收缩率的判断

收缩率的大小受苯乙烯单体添加量的影响。添加苯乙烯单体多的树脂的拉伸强度、弯曲强度和冲击强度有下降的趋势，具体影响见表 2.5。

表 2.5　苯乙烯含量对玻璃钢收缩性能的影响

性能	苯乙烯单位的添加量/%					
	0	5	10	20	30	40
收缩率/%	7.0	7.4	7.8	8.7	9.6	10.4
拉伸强度/(kg/mm^2)	3.6	4.8	4.8	4.1	3.9	2.0
弯曲强度	11.4	9.9	8.5	7.1	7.2	7.2
冲击值/(J/cm^2)	3.1	2.2	2.1	2.4	2.3	2.4

6）吸水率判断

玻璃钢制品由于本身构成材料的特点，它在环境条件下的使用过程中，会缓慢地吸收水分。在其材料构成中，玻璃纤维和填充料都是无机物，它们具有天然的亲水性。其基体材料不饱和树脂与乙烯基树脂，由于分子结构中存在酯键，水分也能缓慢地浸入。在产品的使用过程中，水分会由表及里，缓缓地进入到制品中，随着时间的延长，水分进入的会越来越多。而进入的水分会缓慢地水解树脂中的酯键，破坏树脂的分子结构。时间越长；破坏得越严重，最终导致制品的性能严重下降，失去使用价值。

因此，对于玻璃钢应严格控制其吸水率，目前尚没有关于渔船用玻璃钢吸水率的具体要求，但一般认为渔船用玻璃钢吸水率应不高于 0.3%。

7）厚度的判断

为了计算船体强度，需要测量积层后玻璃钢船体的厚度。船体的厚度会由于各种原因产生差异。如积层作业时脱泡的挤压力大或因树脂的收缩率大会产生变薄的倾向，因脱泡不足或重叠积层会产生变厚的倾向。可以采用超声波仪器测量厚度。

8）均质性的判断

从渔船质量的角度要求玻璃钢整个积层和结构的质量均一。除了特别增厚和扶强的部位以外，一般要求玻璃纤维基材均一，没有纤维脱位乱线现象以保持厚度均一。

特别要求各层之间的胶接力平均，不能在积层工序中无故延长下一层的积层时间，应在玻璃钢尚未熟化的状态下进行下一层的积层。

9）外观判断

玻璃钢渔船建造完成后，应从外观进行观察，玻璃钢表面应无白化和气泡等明显缺陷。

第 3 章　玻璃钢渔船建造场地及设备

3.1　生产环境与场地要求

在玻璃钢生产中，玻璃钢所用的化工材料在不同程度上具有毒性，有些材料（如苯乙烯）及有机溶剂（如丙酮）的挥发性很大，此外，玻璃钢的切削和打磨会产生粉尘，玻璃纤维、填料的飞扬，以及机械设备、电气设备的安全保护问题，在组织玻璃钢生产时，都必须充分重视。投入正常工作前必须严格按照安全规程佩戴个人必需的防护装备，对机械设备做必要的检测以确保可以安全投入使用，有安全隐患的任何设备都禁止使用。

关于玻璃钢渔船生产企业的生产条件、生产设施及质量管理等要求，在国家船舶行业标准《船舶生产企业生产条件基本要求及评价方法》（CB/T 3000—2007）中有明确阐述，另外，《渔业船舶法定检验规则》（2002）和《玻璃纤维增强塑料渔业船舶建造规范》（2008）中也有相关规定。

1. 资格认可

生产厂必须取得验船部门的资格认可，申请资格认可的厂家至少应提供下述资料。

（1）工厂条件说明书，包括车间环境、施工设备、材料、储存场地、人员素质及管理制度等。

（2）质量控制制度及检验程序。

2. 硬件设施

（1）生产厂应具备良好的施工环境。

（2）生产车间要坚固，要有防风雨侵袭的遮蔽，要有适当的辅助施工装置。

考虑船只大小、使用材料的种类及施工方式等因素而不影响产品质量的，可不受此限。

（3）封闭式生产车间要有适当的换气装置。生产车间应采光良好并具有避免阳光直射到产品上的设施。

（4）应具有合适的库房以储存相应的原材料。储存玻璃纤维材料的库房应干燥、清洁，储存其他材料的库房应干净、阴凉。

（5）要有合适的烘干设备及相应的生产工具。

（6）正规生产车间的消防设施应符合消防部门的有关要求，简易车间应至少配备四个便于取用的灭火器。

玻璃钢船厂必须建有与造船规模和能力相适应的施工厂房，不能在室外露天场地建造作业，这也是玻璃钢船船厂与钢船船厂、木船船厂主要的区别。虽然玻璃钢渔船生产厂家在规模、设施上可能存在较大差异，但是，无论什么规模的厂家均应保持整洁良好的施工环境，具备必要的施工条件，并且应使设备保持良好的技术状态。这些要求也是保证玻璃钢渔船建造质量的关键[5]。

3. 施工人员要求

（1）管理人员应具备一定的玻璃钢基本知识，并能胜任对玻璃钢产品修造的技术监督工作。

（2）操作人员应受过玻璃钢成型工艺的培训，且技术骨干所占比例不应少于20%。

（3）应有专门的质检人员，对每道工序的原材料指标、用量、树脂配方、成型环境及工艺实施监督并详细记录。

4. 玻璃钢积层施工场所的环境要求

积层作业的环境要达到下列基本标准。

（1）温度：地面 1m 以上 15～32℃。

（2）湿度：相对湿度不大于 85%，并保持稳定，防止结露或者冷凝。喷射成型区域的湿度一般应不小于 40%，使用低温不饱和聚酯树脂时，成型车间温度应不低于树脂生产厂推荐的最低温度。

（3）照度：积层施工面不低于 150lx。

（4）有害气体浓度应在要求之内：苯乙烯在施工者的位置浓度应在 100ppm[①]以下，厂房地面应在 50ppm 以下；丙酮浓度应在 1000ppm 以下。

（5）清洁：施工场内的泥、沙、灰尘要经常打扫，不需要的物品应及时清除。

（6）消防：施工场所绝对不能放置丙酮、稀释剂等容易引起火灾的物品。

3.2　玻璃钢渔船生产的设备与工具

由于玻璃钢渔船船壳建造是手工积层成型，所使用的工具也有独特之处。在积层作业过程中，施工人员必须熟练地使用各种工具，这是保证产品质量的重要要求。

工具要始终保持良好状态，在清洗工具时，要特别注意防止火灾发生。玻璃钢渔船根据生产工艺的不同，所需的生产工具略有差别。

3.2.1　积层施工用工具

在积层施工过程中，玻璃纤维基材要充分浸润树脂。对在浸润过程中所产生的气泡，要使用各种工具在短时间内进行脱泡处理。这项工序非常重要，所以工具也是关键之一。

1. 毛刷

1）含浸树脂用刷

多用平刷，毛须厚而长、强度大，能充分含浸树脂。

2）脱泡用刷

拐角部位、狭窄部位脱泡，刷毛较短、强度大，容易将气泡赶出。

毛刷如图 3.1 所示。

---

① 1ppm=1μl/L。

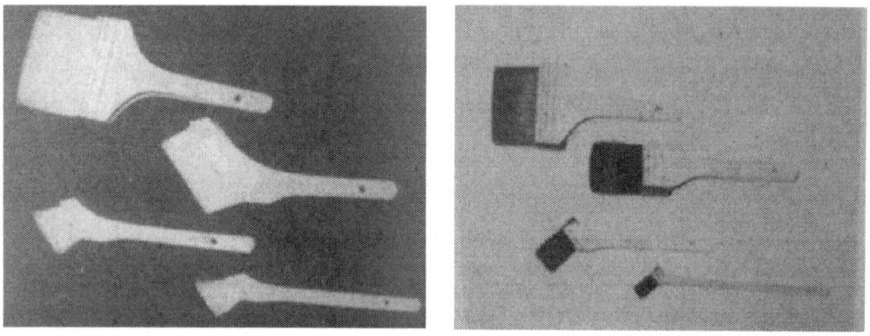

图 3.1　毛刷

2. 辊子

1）含浸用辊子

一般为羊毛辊子，涂敷时含浸树脂用得最多的是平毛辊子。优点是含浸树脂多、涂积均匀、速度快。羊毛辊子既能含浸，又能脱泡，见图 3.2。

2）脱泡用辊子

（1）羊毛辊子适于在平滑面上的完全脱泡工序，同时适用于玻璃纤维毡的成型、玻璃纤维布的含浸脱泡。

（2）猪毛辊子在脱泡用辊子中使用效果最好，尤其是用于较厚的玻璃纤维毡和玻璃纤维布，脱泡效率最高。

（3）螺纹辊子是将钢、铝、塑料的细圆柱棒加工成螺旋状沟，非常适于脱泡用。

（4）垫片辊子是把比较厚的垫片穿在辊子轴上，形成不同形状的螺旋沟。垫片由钢和塑料制作，在较深的沟及不规则的曲面上脱泡效果很好。

（5）拐角辊子如图 3.3 所示，适于长的圆角部位及小圆角部位的脱泡。

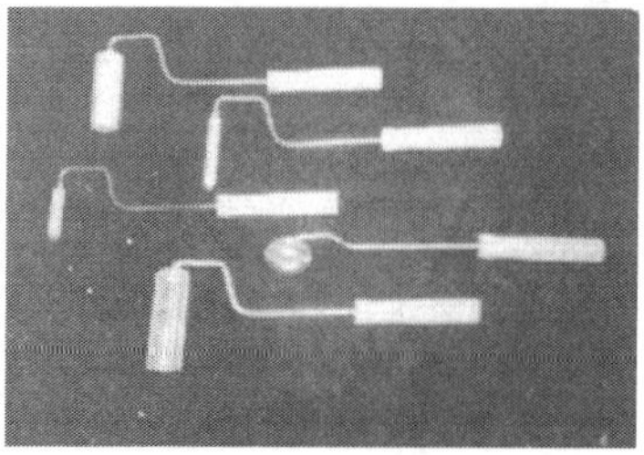

图 3.2　含浸用辊子

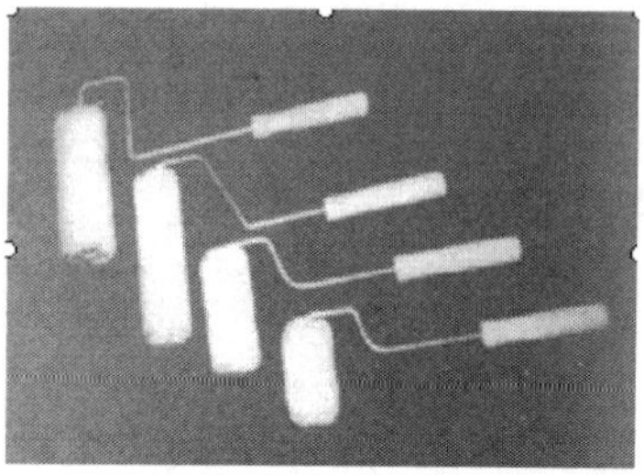

图 3.3　拐角辊子

3. 箅板

箅板是极为有效的脱泡工具，见图 3.4。在不平面及辊子滚不到的狭窄部位，可将其与毛刷同时使用进行脱泡。箅板的材质可以是橡胶和塑料的。箅板还可以用于刮去多余的树脂。

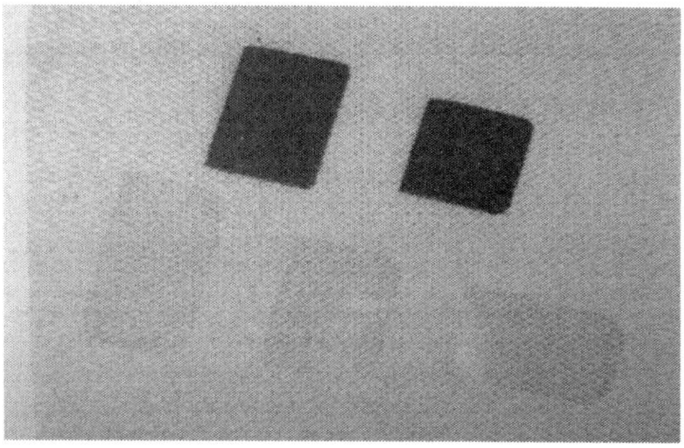

图 3.4　箅板

4. 树脂喷涂机

树脂喷涂机一般用于喷涂胶衣树脂（或基体树脂），通常是把只加入促进剂的胶衣树脂（或基体树脂）与引发剂分别装入不同容器，然后使用喷枪喷射到模具上，这种喷涂机称为外混式喷涂机。还有一种内混式喷涂机，是把加入促进剂、引发剂后混合好的胶衣树脂（或基体树脂）装入一个容器里，然后喷射出去。内混式喷涂机与外混式喷涂机相比，优点是原料混合均匀、飞散较少；缺点是喷枪材料管使用完后应及时清洗，否则胶衣树脂（或基体树脂）凝胶后很难清洗。

目前，市场上有一种内混非雾化喷涂机，采用了空气助流包容技术。该设备的优点是在胶衣树脂（或基体树脂）由喷枪的喷嘴喷出后，引发剂由两边即刻汇入，充分与胶衣树脂（或基体树脂）混合，再用气流 360° 包容保护已混合好的胶衣树脂（或基体树脂）。其中输入喷枪的低压无气树脂的喷涂压力仅为 300～500Pa。空气将喷射线型包裹在内形成了一个空气屏障，能有效地防止喷射线型中的引发剂和胶衣树脂（或基体树脂）的微粒飞散到空气中，不仅能使引发剂得到充分的运用，节省原材料，而且还能改善施工环境，见图 3.5。

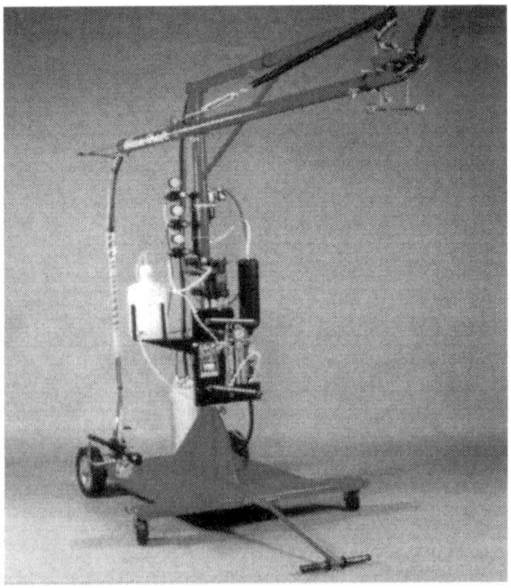

图 3.5　内混非雾化喷涂机

在国内玻璃钢渔船船体成型施工中，喷涂机只应用于喷涂胶衣。在手工积层作业中，用辊子浸润树脂、压实纤维、脱泡比较方便。

在日本，有的企业在手工积层施工中，用树脂喷涂机喷涂基体树脂，然后用箅板压实脱泡，刮去多余树脂。这也是有效的工艺方法，见图 3.6。

图 3.6　喷涂基体树脂作业

还有一种喷涂机，带有切割纤维的刀片，在作业中将树脂和短切纤维同时喷射出去，多用于生产救生艇等产品，见图 3.7。

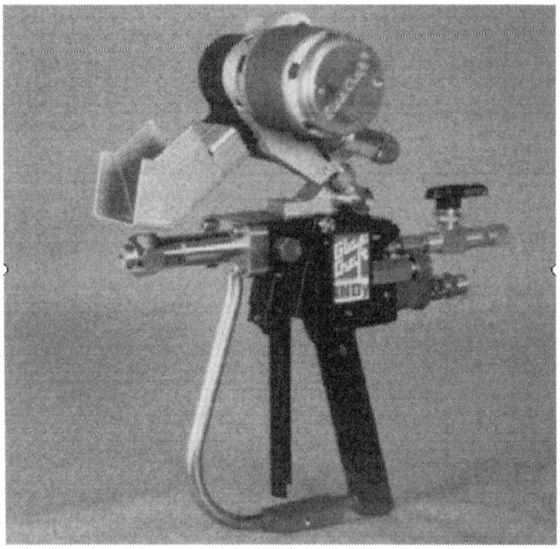

图 3.7　带切割器的喷涂机

3.2.2　涂敷脱模剂用工具

涂敷脱模剂的效果直接影响制品的表面质量，所以，使用的工具也十分重要。

1. 手工打蜡用工具

（1）法兰绒棉球。

（2）柔软、清洁的布。

（3）毛粉扑。

2. 涂敷聚乙烯醇（polyvinyl alcohol，PVA）用工具

（1）毛刷。

（2）喷枪。

（3）海绵。

（4）柔软、清洁的布。

3.2.3　劳动保护用具

在玻璃钢渔船建造过程中，施工人员不可避免地要接触许多对人体有害的物质，如玻璃纤维粉尘、苯乙烯、丙酮等，应对施工人员进行劳动保护。

1. 保护面具

在胶衣树脂及积层树脂喷涂施工中使用保护面具。其种类如下。

（1）有机溶剂用口罩。

（2）防毒面具。特别是在使用外部混合式喷枪时，防毒面具是十分必要的。而玻璃纤维的切断、积层制品的切断、胶接中的二次打磨，都会产生大量粉尘，在施工中必须戴防毒面具。

2. 手套、围裙

施工人员受玻璃纤维粉尘、有机溶剂等侵害程度，因个人体质差异不完全一样。但施工人员在操作中都必须戴手套和围裙，手套必须是橡胶制品。

3. 安全眼镜

在喷涂、二次打磨作业中，必须配戴安全眼镜。

3.2.4 脱模及施工作业用具

1. 脱模工具

船体这样的大型成型品，脱模需要相当长的时间，脱模方法有分割式，也有拆卸式。为了使成型品不破损，不变形，脱模时需增加适当的补强材，同时也需要一些必备的工具，主要有以下几种。

（1）橡胶锤子。

（2）空气管、水管。

（3）手工葫芦或电动葫芦。

（4）橇杠、楔子。

2. 剪裁用具

在玻璃钢固化的适当时间内进行剪裁是最合理的，错过了这个时间，会给剪裁带来很多麻烦。剪裁工具包括刀和锯。

3. 加工用具

在成型品上开口、切断、打磨，需要用到一些电动工具，主要有以下几种。

（1）直齿电锯。

（2）圆盘齿电锯。

（3）砂轮（电动式、风动式）。

4. 固定用具

玻璃钢单板积层品的固定及发泡体的安装需要的工具有以下几种。

（1）射钉枪。

（2）电溶枪。

5. 抹腻子用具

在进行木制阳模、成型用阴模、成品表面等处的修补时，需要抹腻子，所使用的工具有以下几种。

（1）腻子搅和台。

（2）抹刀，其中有木抹刀、金属抹刀、橡胶抹刀及塑料抹刀，见图3.8。

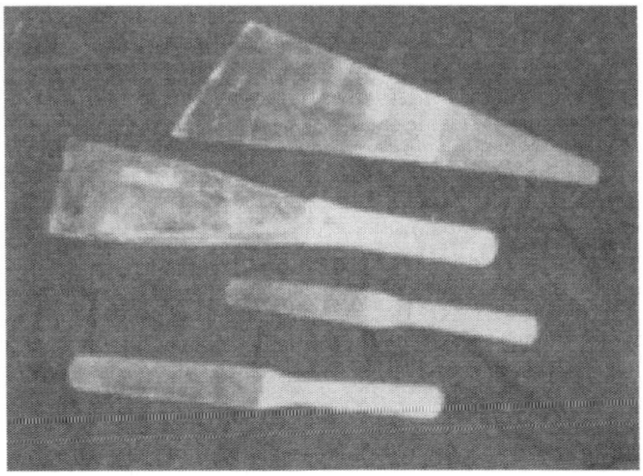

图3.8　抹刀

3.2.5 储藏设备

（1）储存树脂及辅料的仓库应避免阳光直射，阴凉、通风、保持干燥。

（2）储存玻璃纤维的处所应通风、干燥、无灰尘污染。

（3）引发剂和促进剂应隔离，单独储存。

（4）久置待用的模具应合理储存，防止堆压变形，并应有遮蔽设施。

3.2.6 计量器具

脱模前及脱模后要对成型品的固化状态、船体强度进行检查，对主要数据要进行测量。所需工具有以下几种。

（1）长度类计量器具：钢卷尺、直尺、内外径千分尺、游标卡尺。

（2）力学类计量器具：磅秤、天平。

（3）容积类计量器具：量杯。

（4）环境测量类计量器具：温度计、湿度计。

（5）机电装配所需的计量器具：厚薄规。

（6）硬度计量器具：巴柯尔硬度计。

（7）电气类计量器具：万用表、兆欧表等。

3.2.7 其他作业用具

除积层施工直接需要的机器、工具外，其他加工、作业检查、安全管理、辅助作业也需要一些机器设备和工具。

1. 温度调整设备

玻璃钢生产需要保持一定的温度，通常作业时需要有暖气设备，或者空调设备。

2. 排气、通风设备

玻璃钢所用的化工材料在不同程度上具有一定毒性，有些材料的挥发性还很大，所以生产场地必须具有良好的通风、排气设备。在使用喷枪的场合，要注意通风，防止喷雾飞散。一方面要用通风机排气，另一方面要保证能自由地进气。在大型船体厂房，要用篷布或屏蔽遮挡，并适当地配置排气口，将含有喷雾的空气排出去。

3. 清洁及废物处理设备

用来清除玻璃钢的切削和打磨所产生的粉尘和玻璃纤维、填料的飞扬等，以及处理玻璃钢渔船建造过程中产生的各种废料，对环境和个人进行清洁。

4. 采光、照明设备

保证生产场地有良好的采光、照明条件。

5. 起吊运输设备

用来进行模具、结构或者船体等的吊装。

6. 消防设备

由于树脂的易燃性，必须保证生产场地具有足够的消防设备。

7. 树脂调和设备

为了使树脂与促进剂、引发剂配比准确，具体操作中要使用容器和量杯、吸量管等计量器具。为了使树脂与促进剂、引发剂、颜料及其他充填材料调和均匀，应使用搅拌器械，包括固定式搅拌机（图 3.9）、可移动式搅拌机及搅拌棒。其类型有手动压缩空气的和电动的，若采用电动带动，必须是防爆型的。

图 3.9　固定式搅拌机

第 4 章　玻璃钢渔船船体成型用模具

由于玻璃钢属于复合材料，是用两种以上未曾定型的原材料复合而成的，在将原材料通过复合方法制成不溶不融、不可复原的新的材料时，也同时成型为产品，因此，必须有与产品形状一致的模具作为成型时的依托。模具是玻璃钢渔船生产中必不可少的、最主要的生产装备。而模具的质量直接影响渔船的质量，模具的尺寸、形状直接决定产品的外形与尺度；模具表面的光顺、光洁程度直接影响渔船表面的质量；模具刚度不足则会影响渔船的线型等等。

4.1　成型用模具的种类及特点

玻璃钢渔船模具分类的方法比较多，可以按照外部形状、材质、作用、结构、生产工艺和使用时间等分类。

1. 按外部形状分类

按照外部形状，即外形凹凸情况可分为阳模、阴模两类。

1）阳模

阳模表面呈凸起状。制品成型时，制品内表面接触模具，因而比较光滑；外表面不接触模具，因而比较粗糙。但因成型时玻璃钢有一定的成型收缩率，使制品成型后对模具产生相当程度的包裹力，增加了脱模的难度，见图 4.1。

2）阴模

阴模与阳模相反，表面呈凹状。制品成型时，外表面接触模具，因而比较光滑；内表面为较粗糙的自然面。与阳模相比，玻璃钢的成型收缩率反而有利于脱模，见图 4.2。

用阴模成型船艇产品时，外表面可在成型的同时制成带有所需色彩、装饰线条的胶衣层；而阳模则不能，必须将表面打磨处理后再施加油漆。

图 4.1　玻璃钢渔船阳模

图 4.2　玻璃钢渔船阴模

2. 按材质分类

虽然很多材料都可以用来制作模具，但实际应用时应考虑质量要求、制造难易、成本高低及使用效果等因素。玻璃钢渔船模具按材质分主要有以下几种。

1）木模

木模用木材制作，可以加工得很精细、光洁。通常使用木板或胶合板来制作木模。木模常因环境湿度及木材本身含水率大小而发生胀缩变化，影响模具尺寸精度及光顺度，因而木模主要用作过渡模，但也有因船艇批量小或在未定型前制成木制阴模用于生产的。木模表面加工符合要求后，必须用树脂类油漆进行表面处理，使光顺度、光洁度达到预定的要求。

木模是现在采用较多的一种模具，不管是只建造一艘渔船，还是建造多艘渔船，采用木制阴模的都很多。这种模具的特点是几乎全部用木工手工加工制成，价钱比较低，并且在制作方法上既可以简单些也可以细致些，只要精细加工制作也可以弥补这种模具尺寸准确性和表面精度欠佳的不足，达到质量要求。

2）玻璃钢模

玻璃钢模是常用的生产用模具，它是在木模上用玻璃钢翻制而成，也有在船艇产品上直接翻制的。它的优点是强度高、质量好、经久耐用，但成本较高，适于产品大批量建造。一般建造多艘小型船时，采用玻璃钢阴模最适宜，但其工时、材料费用远远超过木制阴模。制作玻璃钢阴模的工序是先制作木制阳模，然后以此阳模为母型制作玻璃钢阴模，见图 4.3。

图 4.3　玻璃钢阴模

玻璃钢阴模和木制阴模的比较见表 4.1。

表 4.1　玻璃钢阴模和木制阴模比较

项目	木制阴模	玻璃钢阴模
制作费用	○低	△高
制作工时	○少	△多
耐久性	△差	○好
精度	△较低	○高
表面	△不理想	○漂亮光滑
复杂形状	△不适宜	○适宜
凹状部	△费工时	○易成型
修复	○简单	△费工时

注：○表示优点；△表示缺点

3）金属模

金属模常用于尺度较小的渔船，一般为对模，主要用于模压法或树脂导入成型法建造工艺。

采用模压法建造工艺时必须辅以压机及加热设备，因而限制了成型尺度。金属模的优点是生产效率高、质量好，但因制作费用很高，只适于大批量生产。

3. 按作用分类

模具按作用可分为过渡模与生产模两种。

1）过渡模

一般过渡模均为阳模，形如倒扣在地的船艇，除线型按设计的型值控制外，模具外表面必须做到光顺、光洁，以便据此翻制玻璃钢阴模用于生产。这种为翻制玻璃钢阴模而制备的模具称为过渡模。过渡模在翻制完毕，与阴模脱离时，由于强度较低，均会在分离时损毁，所以也称为一次性模。

2）生产模

从过渡模上翻制的玻璃钢阴模是正式生产玻璃钢渔船用的模具，故称为生产模。

玻璃钢阴模从过渡模上翻制成型后，必须进行表面处理，用水磨砂纸打磨，达到所需光洁程度后，再用抛光材料对表面进行抛光，使表面光洁度达到相当高的程变，最好达到镜面程度。用这种模具生产出来的玻璃钢渔船的外表面可达到光亮如镜的程度。

4. 按结构分类

根据模具结构状态，可将其分为整体模与组合模两种。

1）整体模

整体模是一个整体，若渔船外形及生产条件较好，不影响脱模时，应尽可能制成整体模，一般整体模较小。

2）组合模

组合模也叫组装模、拼合模。在船体有舭龙骨、舷边内翻等情况下难于整体脱模或者由于生产场地限制而无法整体脱模时，常将生产模具制成组合模。组合模根据具体情况分成两片、三片甚至更多片体，各片体用螺栓连接[6]。为使组合精密，在拼合部位需设置一定数量的定位装置。组合时还需对拼缝进行处理，以使拼缝处较为美观，见图4.4。

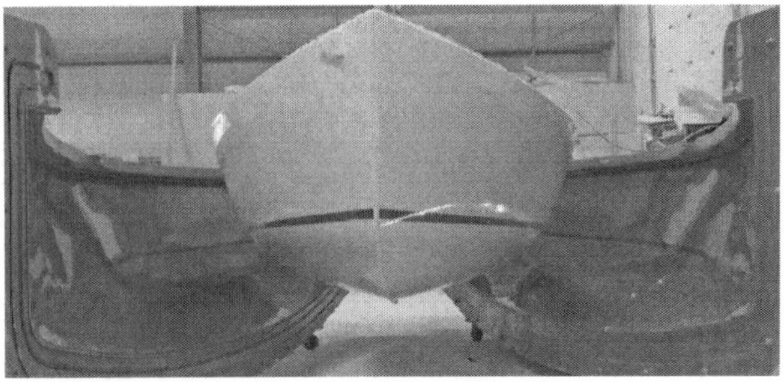

图4.4　玻璃钢渔船组合模

5. 按生产工艺分类

由于制造时生产工艺的不同需要对模具形式进行必要的选择，可将模具分为单模和对模。

1）单模

单模是相对于对模而言的，是一种常用的生产阴模，适用于通常的手糊、喷射、预浸渍等成型方法。

2）对模

对模为两副模具。其中一副是阴模，一副是阳模，两副模具对合并将周边紧固密封，中间的间隙即为船艇壳板的厚度。生产时如采用模压法工艺，则先在阴模上铺设玻璃钢模塑材料，合上阳模，加温加压，在数分钟内即可固化成型；如采用注射法工艺，则先在阴模内铺设玻璃布或毡等增强材料，合模后，打开注射口，注入树脂，或先抽真空，再打开树脂进入口，使树脂自行吸入模腔中，在常温下固化成型。

6. 按使用时间分类

模具按使用时间可分为一次性模具、短期性模具和长久性模具几种。

1）一次性模具

一次性模具也是过渡模具，但也有因仅生产一条船艇而制作一次性阴模的。此种模具的特点是仅使用一次即拆毁。

2）短期性模具

当船艇产品订货数量少，且以后不一定会有订单时，常做成较为简易的短期性模具。它比一次性模具耐用一些，即使脱模时有些损坏也可修理后再次使用。

3）长久性模具

长久性模具用玻璃钢制作，可以长期使用，不易损坏，成本较高，适用于批量大的产品。但在通常情况下，即使订货批量不大，考虑到今后还会有订货，只要首批生产时能将模具费用摊入成本，制作长久性模具也是合算的。因此，目前各玻璃钢渔船生产厂家大量使用的还是长久性模具。

4.2　主要模具的制作要点

玻璃钢渔船船模制造主要有两种：第一种是制造木质阴模，在模具上成型玻璃钢渔船船壳，这种方法适用于一条或几条船的生产建造，特点是成本低廉、制作简单；第二种是先制作木质阳模，再用木质阳模翻制玻璃钢阴模，利用玻璃钢阴模成型船壳，这种方法适合于批量生产[7]。

模具制作是由线图开始，根据设计者提供的线图按 1∶1 的比例进行放样，应注意以下三点。

（1）在放侧面图和半幅平面图时，应将半幅平面图的船体中心线与侧面图基线重合，使半幅平面图与侧面图重叠，这样可减少制图误差，提高自身检查图的准确度，同时缩小样图的占地面积。

（2）重新绘制剖面图。由于模具制作断面位置往往与设计位置不同，需要根据半幅平面图和侧面图重新绘制剖面图。

（3）剖面图放大。由于阴模制作时，肋骨内侧要钉装纵向板条和粘贴装饰胶合板，剖面图应给出装饰胶合板加纵向板条的厚度。

4.2.1 木制阴模制作

木制阴模制作要点如下。

（1）选择混凝土地面，在混凝土地面的船中心线和两侧舷边处，正确地固定不易变形的120～200mm的木方。

（2）将龙骨模具正确地固定在船中心线的木方上。

（3）将模具框架正确地固定在龙骨上并在地板的木方上加支撑木方。

（4）将舷缘材固定在模具框架的舷边部位上，见图4.5。

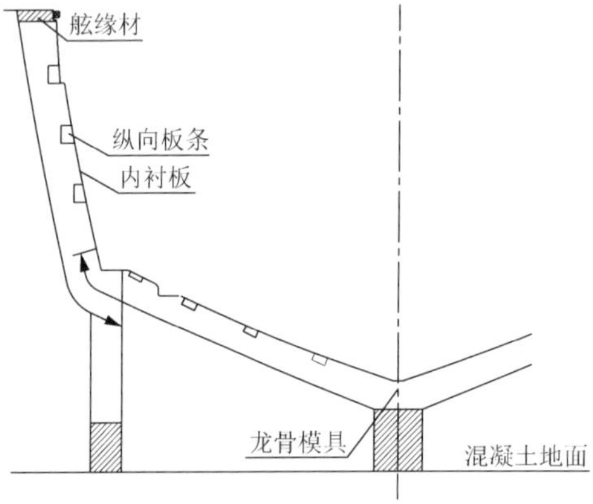

图4.5 木制阴模的制作

（5）安装纵向板条的同时注意保持框架的光顺性，见图4.6。

图4.6 木制阴模的模型框架和纵向板条

（6）纵向板条间隔保持在 200mm 以内，并窝进模具框架里固定，见图 4.7。

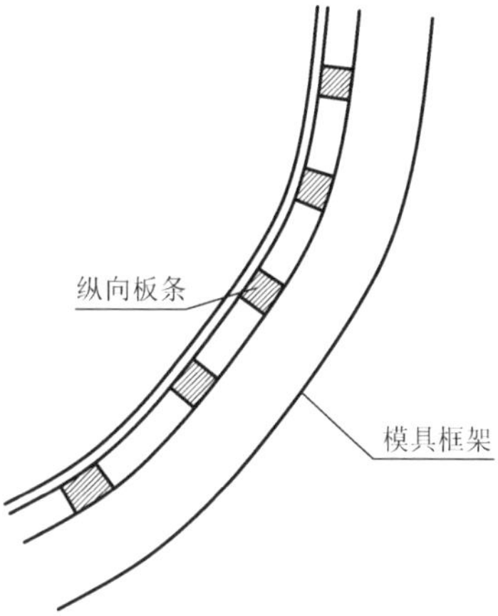

图 4.7　纵向板条的安装

（7）在模具框架内面先采用白乳胶黏接胶合板（或高密度板），并用钉子固定，再在上面用强力胶粘贴宝丽板，不要用钉子固定，以免留下钉子痕迹。

（8）内衬板的厚度根据模具框架间隔和纵向板条间隔而定，以下公式为大致标准：

$$t=(S_1+S_2)\times \frac{1}{15}$$

式中，t 为内衬板的厚度，mm；S_1 为框架间隔，cm；S_2 为纵向板条间隔，cm。

（9）艏艉大曲度处加双道板条。

（10）处理宝丽板接缝处，用聚酯腻子填充，干燥后打磨平，见图 4.8。

图 4.8　木制阴模的宝丽板制内衬板

4.2.2 玻璃钢阴模制作

玻璃钢阴模制作分两步进行。

第一步，制作木制阳模：

（1）保持作业环境温度在 20℃左右，湿度为 60%～70%，这种环境状态最为理想。

（2）选用混凝土地面，为了保证模具的稳定，在船中心线和两舷边位置的地面上，正确地固定尺寸为 120～200mm 变形较小的长木方。

（3）木制阳模倒立摆放，在船的中心线的木方上竖起立柱，将龙骨模具正确地固定在立柱的顶端。

（4）每一道肋位上，均在地面木方和立柱上的龙骨模具上竖起一个模具框架并固定。如果没有龙骨模具时，将模具框架固定在临时设置的龙骨板上。

（5）沿着模具框架的舷边部位固定舷边材，舷边材的高度与地面的距离要保持在 500mm 以上，使得施工人员能够进入框架内。

（6）其余的模具框架以 450mm 间隔装上并固定。艏艉部的间隔可以适当窄些。

（7）安装纵向板条的同时保持模具框架的光顺性，这是特别重要的一点，见图 4.9。

图 4.9 木制阳模的框架和纵向板条

（8）纵向板条间隔保持在 300mm 左右，窝进模具框架里并固定。

（9）在纵向板条上铺两层三合板（或两层 3mm 厚高密度板），采用薄板主要是考虑在弯曲处比较容易成型。用强力胶黏接，为了压紧，可用钉子固定。

（10）板的接缝和凹坑处采用原子灰填充，待充分干燥后打磨到板面齐平。

（11）阳模木结构制作完成后，糊制两层 300g/m² 的短切玻璃纤维毡，固化打磨后，抹上原子灰腻子。

（12）用 80～120 目砂纸打磨表面，仔细检查表面，有缺陷时用腻子填补并打磨修整，直到阳模表面平整。

（13）检查阳模表面没有缺陷后，清理一切粉尘、污物，然后喷涂聚酯基础底胶或易打磨聚酯底胶，厚度为 1mm 左右，底胶用量大约 1kg/m²，分两次喷涂。

（14）2～4h 后，用 180～220 目砂纸打磨修型（时间取决于温度和胶层厚度）。

（15）底胶打磨完成后，喷涂与底胶不同颜色的模具胶衣，厚度为 1mm 左右，胶衣用量大约为 1kg/m²，可分两次喷涂。通常阴模采用黑色胶衣，故阳模外表一层胶衣不应是黑色的，最好是白色或其他颜色，这样喷涂遗漏处容易显现察觉，可及时补涂。

（16）固化后，用 320～400 目砂纸干磨，见图 4.10。

图 4.10　木制阳模的外表打磨

（17）在进一步打磨、抛光之前，等待 8h 或静置过夜以确保完全固化。

（18）用 600 目、800 目、1000 目（渔业船舶中最高为 1200 目）的砂纸水磨。

（19）用 1500 号或 2000 号抛光膏抛光表面，模具制作完成。

第二步，翻制玻璃钢阴模：

（1）阳模用抛光剂抛光后，可用洁模水处理，再涂擦 2～3 遍封孔剂（一般渔船此两道工序可省略）。

（2）涂擦 6～8 遍脱模蜡。具体操作方法如下：用干净的棉纱布蘸取适量的蜡，螺旋式均匀涂擦。10min 左右干燥后，换另一块干净的棉纱布擦拭，直至阳模表面光亮，依次类推涂擦余下的几遍。

（3）喷涂模具胶衣。待阳模最后一遍脱模蜡打完 6h 后，再用一块干净的棉纱布擦拭一遍，然后喷涂模具胶衣。模具胶衣喷涂厚度为 1mm，分两次喷涂。

（4）当胶衣固化到指干状态时（大型船不易判定指干状态，等待时间可控制在 4～8h），先涂刷一层树脂，铺敷一层 50g/m² 的玻璃纤维表面毡（普通渔船一般不铺敷此毡），然后再敷 1～2 层 300g/m² 的玻璃纤维短切毡，压实压平，不要存留气泡。

（5）在 12～24h 内以湿对湿方式敷上玻璃纤维短切毡和玻璃纤维布。

（6）以后的玻璃纤维布积层在无发热和无浓缩状态下逐次将所需层数敷设上去。

（7）积层固化后在阴模外面敷上聚乙烯或聚氨酯泡沫型材扶强，见图 4.11。

图 4.11　玻璃钢阴模的扶强材

（8）为提高整个模型的刚性，采用钢管或型钢扶强时，用泡沫塑料做缓冲材装在玻璃钢表面，然后积层，达到设计厚度。

4.2.3 简易玻璃钢阴模制作

（1）制作木制阴模木结构的最后一道工序是粘贴宝丽板，而制作简易玻璃钢阴模时不粘贴宝丽板，而是粘贴胶合板（或高密度板），同样不用钉子固定，见图 4.12。

图 4.12　简易玻璃钢阴模制作

（2）板的接缝和凹坑处采用原子灰填平，待充分干燥后打磨到板面齐平。

（3）在板面上糊制两层 300g/m^2 短切玻璃纤维毡，固化打磨后，抹上原子灰腻子。

（4）用干砂纸从 80 目打磨到 120 目。

（5）检查阴模表面没有缺陷后，清理一切粉尘、污物，然后喷涂聚酯基础底胶或易打磨聚氨酯底胶，厚度为 1mm 左右，底胶用量大约为 1kg/m^2，分两次喷涂。

（6）2～4h 后，用 180～220 目砂纸打磨修型（时间取决于温度和胶层厚度）。

（7）底胶打磨完成后，喷涂黑色模具胶衣，厚度为 1mm 左右，胶衣用量大约为 1kg/m^2，可分两次喷涂，固化后用 300～400 目干磨。

（8）在进一步打磨、抛光之前，等待 8h 或静置过夜以确保完全固化。

（9）用 600 目、800 目、1000 目的砂纸水磨。

（10）用 1500 号或 2000 号抛光膏（或抛光蜡）抛光表面，模具制造完成。

（11）喷涂的前后，如果表面附上灰尘，则喷涂后的表面将出现一些颗粒，因此，要注意保持施工场地的清洁。

4.2.4 简易框架式阳模制作

在欧洲的挪威、法国等国，以及北美洲的加拿大，一部分玻璃钢造船厂在建造小批量的渔船时，不采用阴模，而是在木制龙骨上安装用耐水胶合板制作的肋骨框架，然后把预先制作裁成一定尺寸的 3～5mm 的玻璃钢薄板用木螺钉固定在肋骨框架上，再手工积层，然后涂抹树脂腻子磨平，喷胶衣树脂、抛光。内部木质结构作为芯材也包敷玻璃钢。此种方法可归属于框架式阳模成型法，也称为无模具制造法。

可以把框架式阳模看成木制阳模不装衬板的简单模具。

（1）为了固定模具，在模具的中心线和两舷边位置的地面上固定长尺寸的木方。

（2）模具倒立组装，在船中心线的地面木方上竖起立柱，在龙骨位置将龙骨模具正确地固定在立柱的顶端。

（3）每一道肋位上，在地面木方和立柱上的龙骨模具上竖起一个模具框架，如果没有龙骨模具，将模具框架固定在临时设置的龙骨板上。

（4）模具框架的外侧要留出船壳外表层及泡沫板条的厚度。

（5）在模具内部适当地装上纵向或斜向扶强材以防止模具框架变形。

（6）在模具框架上安装纵向泡沫板条，用钉子（或螺丝钉）固定，见图 4.13。

图 4.13　框架式阳模泡沫板条的安装

（7）用树脂腻子将各块泡沫板条胶接起来，在泡沫板条上糊制外表层玻璃钢，第一层及最后一层一定要铺敷玻璃纤维短切毡，见图 4.14。

图 4.14　框架式阳模的外表层铺敷

（8）在积层完毕的框架上喷涂胶衣树脂，见图 4.15。

图 4.15　对框架式阳模进行胶衣树脂喷涂

（9）用砂纸打磨外表面，对表面凹凸不平的部位用树脂腻子进行修整，修整完毕之后，再用细砂纸打磨一次，见图 4.16。

图 4.16　对外表面进行打磨

（10）用吊车将模具翻转过来，见图 4.17。

图 4.17　翻转框架式模具

（11）拆除内部框架。

（12）在泡沫板条内部再糊制内表层，第一层及最后一层一定要用玻璃纤维短切毡。

（13）根据表面质量要求再用细目砂纸水磨。

4.3　模具的尺寸精度标准

有的船厂用木制阴模制作的玻璃钢渔船的质量与游艇、帆船、高速艇和其他特殊船舶的质量差别较大，渔船型线不光顺。这些与玻璃钢渔船建造中使用的模具的尺寸精度有关，应以建造高质量渔船的精度标准来制作玻璃钢渔船的模具，否则将影响渔船的性能。

4.3.1　木制阴模精度标准

建造木质阴模应遵循以下几个原则。

（1）型线要求光顺。

（2）型线尺寸与船体的外形尺寸一致。

（3）根据横剖面型线图制作阴模框架时，要留出阴模内部的衬板的厚度。

（4）在艏艉的曲面部位，要沿着曲面斜向切削阴模框架的内侧。斜向切削时以图的 *A* 侧为基准，注意 *B* 侧不要切削过量，见图 4.18。

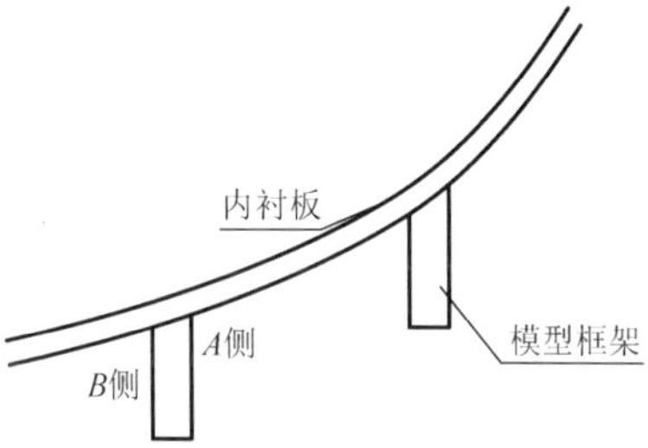

图 4.18　木制阴模的尺寸精度

（5）曲面部的切削量 t_1 应比阴模内衬板的厚度 t 大，见图 4.19。

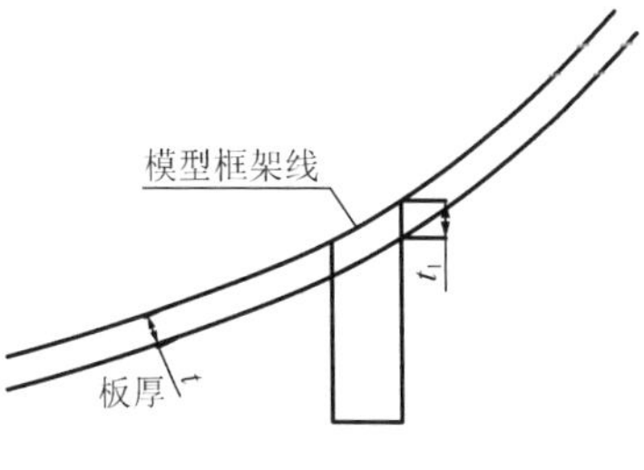

图 4.19　木制阴模的模具框架内侧的切削量

（6）安装好模具框架后，用样板和万能曲线尺仔细检查其光顺性，要使内铺板与模具框架面密合并完全消除凸凹不平。

（7）即使小型船也不可只用一张板图制作模具。

（8）模具上用的扶强材不能用板皮或带大节的木材，因为这样的木材经过一段时间后会变形。要求尽量使用切割成适当定尺的、均一的木材。

4.3.2 玻璃钢阴模精度标准

制作玻璃钢阴模用的母型——木制阳模的尺寸精度比木制阴模容易保证，但是应该认识到它是供制作玻璃钢阴模用的母型，所以更应保证精度。

在制作玻璃钢阴模时，应该遵循的原则有以下几点。

（1）放样型线要求光顺。

（2）放样型线尺寸应与船体的外形尺寸一致。

（3）根据横剖面型线图制作模具框架时，要留出阳模的铺板厚度尺寸。

（4）在艏艉的曲面部位，要沿着曲面斜向切削阳模框架的外侧。斜向切削时以图的 *A* 侧为基准，注意 *B* 侧不要切削过量 ，见图 4.20。

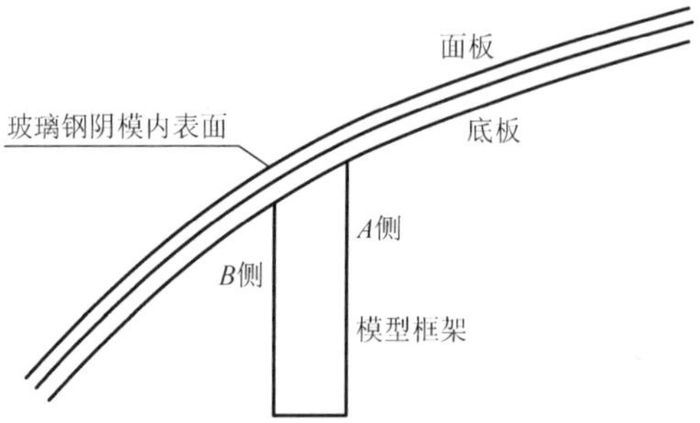

图 4.20　木制阳模的尺寸精度

（5）艏艉部位曲面的切削量要大于底板加面板的板厚。

（6）安装好模具框架后，用样板和曲线尺等仔细地检查其光顺性，消除曲折、凸凹，使模具框架面在一条光顺线上。

（7）铺好面板后，使用从放样图上取下的船体站位样板检查面板的精度，方法是将样板卡在阳模上用电灯光线检查有无间隙。

（8）涂装之前，要把各部分尺寸充分校核好。

（9）因为木材受温度、湿度变化影响会极敏感地产生伸缩变形。为了保持尺寸的正确性，必须控制好温度和湿度。

（10）为了制作玻璃钢阴模，在木制阳模外面积层时，因树脂发热木材要收缩，所以阳模用木材要选择不易变形的。

阳模做好之后，最重要的是保证木制阳模的尺寸精度。但是，在玻璃钢阴模积层完毕，脱模后还会产生尺寸变形，所以应注意以下几点。

（1）脱模之前要将所需的扶强材都安装好。

（2）脱模时，阴模用巴柯尔硬度计测量硬度，使其达到 40 以上。

（3）脱模的时候，要在平坦地面上的纵通的木墩上进行。

（4）要将阴模支撑好，不得产生张口、挠曲或扭曲。

（5）用尺检查阴模的主要尺寸，使其在正确的状态支撑着。

4.3.3　框架式阳模精度标准

框架式阳模的表面是把夹层结构用的芯材直接用钉子钉在框架上的，所以精度比较低。为了提高玻璃钢渔船的尺寸精度，需要使容易变形的框架式阳模尽量不变形。

在制作玻璃钢框架阳模的时候，应该遵循的原则有以下几点。

（1）在模具框架内侧安装连接板条，与外侧的小块板条一道保持刚性。此时，应考虑以后能够容易地拔出钉芯材的钉子。

（2）虽然最终夹层结构的尺寸精度要依靠其玻璃钢外表层而定，但是，模具的变形总会遗留下来，因此，应该保证模具本身尺度的准确性。

4.4　模具表面加工标准

模型表面如果有伤痕一定会显现在成品的凝胶涂层表面上。因此，为了提高产品的外观质量，模具的表面加工应当重视。

4.4.1 木制阴模表面加工标准

在制作木质阴模的时候，为保证模具表面加工的精度，在进行模具表面处理的时候，应该注意以下几点。

（1）模具内衬板的板接缝要开坡口，采用模型用腻子填充，用模具专用刨子加工或用聚酯腻子填充打磨。

（2）模具的内衬板不用钉子固定而用胶接剂胶接。

（3）平坦部分可以直接用聚酯装饰胶合板铺设，但曲面加双道板条部分的板接缝和角隅，要抹腻子并打磨后再涂氨基甲酸酯，见图 4.21。

图 4.21 木制阴模的表面加工

（4）不要留有粗糙、曲折、凸凹的表面缺陷，接缝处不使用胶带等胶接。

（5）大弯曲度处要外加木方，并用细钉子进行固定。

4.4.2 玻璃钢阴模表面加工标准

木制阳模表面的缺陷将全部显现在玻璃钢阴模的表面上，而且这些缺陷又将无保留地全部显现在每一个产品的表面上，造成产品的外观有瑕疵。因为玻璃钢阴模的凹面加工和缺陷发现都比较困难，所以要仔细地把木制阳模凸面加工好。

在进行木质阳模的加工时，表面的加工应该注意以下几点。

（1）在木制阳模的表面涂上两遍黑色的、有光泽的、耐磨的聚氨酯底胶，待固化后，即使有极小的凸凹也能清楚地看出来。

（2）除了局部的凸凹缺陷，还要检查宽广面和光顺性，有缺陷处应修整。对此采用点长型荧光灯移动检查有无光的影像歪斜，这种方法效果最好，见图 4.22。

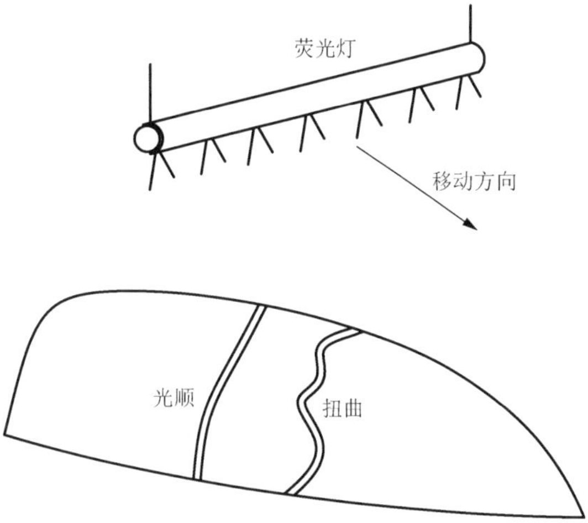

图 4.22　木制阳模的表面加工

（3）用荧光灯的影像扭曲判断出有缺陷处，在凹部进行水性研磨使之光滑。

（4）注意控制施工场地的温度和湿度。

在翻制玻璃钢阴模前，木制阳模的表面加工应该准确、光洁。因为玻璃钢阴模要用于数十艘乃至数百艘玻璃钢船的积层脱模，必须做到经久耐用。

用木质阳模翻制玻璃钢阴模的时候，应该注意以下几点。

（1）玻璃钢阴模凝胶涂层用树脂和积层用树脂是间苯二甲酸系树脂。使用这种树脂制作的模具耐久性和耐热性较好，并且尺寸精度和表面光滑性保持的时间较长。

（2）玻璃钢阴模的凝胶涂层采用与阳模不同的颜色，另外，与产品的凝胶涂层的颜色也应不同。

（3）玻璃钢阴模的胶衣层的厚度为 0.5～0.7mm，喷涂要均匀，喷涂时不要混入空气和水分。

（4）玻璃钢阴模凝胶涂层挂里的第一层玻璃纤维基材为 300g/m^2 的玻璃纤维短切毡，第二层也是玻璃纤维毡，目的是不露出玻璃纤维布的布纹。

（5）模具的施工场地要特别清洁，用聚乙烯塑料布围起来遮蔽，以避免灰尘落在模型上。

4.5 成型用模具的分割

由于模具存放场地的大小限制和为使模具保管方便，对于较大的模具需要分割成型，有时也根据积层工序和脱模方法来分割模具。模具的分割多是各造船厂凭自己的经验决定，一般没有特别的规定，但在模具接缝方法和形状保持上仍有特别需要注意的地方。

4.5.1 模具的分割方法

1. 纵向分割模具

沿着船的中心线将模具分成左右两段，在中心线处设接头。过去曾经有过左右模具都做成旋转式的，以方便积层施工，即在积层施工时，为了不使树脂积存在船底将模具半旋转使船底朝上进行积层施工。

纵向分割方法即使不旋转，也可以使模具向左右移开，使得成型的船体纵向移出。

2. 横向分割模具

有的模具在进行纵向分割后可再在几处进行横向分割以便于入库保管。即使施工场地宽敞，但所建造的玻璃钢船比较大，为方便脱模和整理模具也会采用这种分割模具的方式。但是，这种方法存在模具的接缝多、装配费工又难以保持光顺的缺点。另外，还会在成型的玻璃钢船上残留较多的接缝痕迹。

3. 艏艉分割模具

艏艉分割模具是指将艏艉分开单独制作模具，将中间体沿纵向中心线分割成左右两段或再作横向分割。这样一来，艏艉模具均比较小。从成型精度上考虑，艏艉可以采用玻璃钢模具，中间体则用木制模具。

另外，对于快艇模具，有的单独制作艉构架（艉板）模具。

4. 伸缩模具

可以考虑用一个模具将船的长度缩小或放大，办法是在船的中部取一段与艏艉分开单独制作模具，然后将艏艉段模具衔接上之后使其保持光顺性即可。

5. 箱形龙骨模具

具有箱形龙骨的船，当纵向分割模具时可将箱形龙骨部分单独制作模具，脱模时可将箱形龙骨模具单独脱开。

6. 拆卸式舭龙骨模具

具有舭龙骨的船，如果将舭龙骨模具与船体模具制成一体型的将难以脱模，所以可将两侧舭龙骨模具制作成拆卸式的以便脱模。

4.5.2　分割模具的接头

将分割模具组装成一体时，要处理好分割模具的接头，使之保持充分的刚性和连续性。在将模具分割时，接头还起到使模具不变形的扶强材作用。

1. 木制阴模的接头

接头必须是由与模具框架型线完全一致的两块板组成。确切地说，要留出内衬板的厚度尺寸，这个接头板的厚度为 20～30mm，宽度为 150mm。两块板以 100～150mm 间隔用螺栓固定，螺栓孔径应保证能够紧固。

模具的内衬板的接头处开坡口，待模具组装好后，用腻子填平坡口。

2. 玻璃钢阴模的接头

玻璃钢阴模的接头是在向木制阳模敷设玻璃钢时，按分割线分开积层并将凸缘一体成型。如果玻璃钢阴模板的厚度够用，连接凸缘也可用同一厚度，否则可以将凸缘适当增厚积层。

连接凸缘积层时，为了同另一个模型的凸缘方便地连接，应同时设置金属定位销。定位销在两枚连接凸缘之间每隔一组错开位置。接头的结合即把两个凸缘合并，开螺栓孔用螺栓紧固。

4.6 模具的保存

模具的保存也关系到后续船舶建造质量，因此应特别重视。

1. 室内保存

一般情况下，模具保存在专门的房屋里面是比较理想的。如果没有特别的房屋，也可以用厂房的一部分来进行存放，例如放置在楼上，或者吊放在专门的模具架上也可以。如果空间确实有限，小型的模具也可以两层堆积在一起，但应尽量避免这种存放方式。

2. 室外保存

模具一般不能随便放置在露天。可以搭起架子盖上帆布设置临时房屋进行摆放。又为了避免地面水蒸气的熏蒸，搭的架子要离地面 500mm 以上。模型的艏艉方向倾斜存放，并一定设排水孔，在室外存放不得重叠堆放。

3. 分解保存

如果是分割型模具，不论保存在室内或室外都要注意不要产生变形或局部腐蚀破损。

不再使用的木制阴模可以分解处理。对于可以再利用的模具框架、内衬板等，在分解时可以把钉子拔掉整理保存起来。

4. 阴模内表面的保存

阴模的内表面如果造成伤痕则会影响成品的质量。对于这种模具，如果长期不用，可以涂上脱模剂，然后再薄敷一层玻璃纤维毡或玻璃纤维布。

木制阳模也一样，可以涂上脱模剂后再敷玻璃纤维毡或玻璃纤维布来保存。

第 5 章　玻璃钢渔船成型工艺

5.1　概　述

不同种类玻璃钢船的最大差异在于建造过程中船壳制造成型方法的不同。这也是玻璃钢船与钢船、木船建造的不同之处：它是用液体将船壳固化成型的。玻璃钢制品成型工艺很多，包括手工积层成型、喷射成型、真空袋压成型、真空树脂导入成型、机械浸渍成型、缠绕成型、模压成型、挤拉成型、注射成型、浇注成型等，但在造船方面，应用最广泛的还是手工积层成型、喷射成型、真空袋压成型、真空树脂导入成型和机械浸渍成型。20 世纪 70～80 年代，欧美国家采用自动浸渍机、机械化辊平装置建造大型玻璃钢军用舰船；进入 90 年代后期，真空袋压成型法、真空树脂导入成型法开始风靡全球；最近几年，开始建造游艇、帆船、高速船、渔业执法艇及休闲钓鱼船等。国内少数造船厂引进国外先进工艺技术，真空袋压成型法、真空树脂导入成型法受到造船界的青睐。常见船体结构与成型方法见表 5.1。

表 5.1　常见船体结构与成型方法

船体结构	成型方法
单板无骨架结构	阴模成型
单板纵横骨架结构（或单板加筋结构）	阴模成型
槽型单板横向骨架结构	阴模成型
夹层结构	框架式阳模+阴模成型

（1）单板无骨架结构：是指船体由较薄的玻璃钢层板构成，没有加强的肋骨和纵向构件。

（2）单板纵横骨架结构（或单板加筋结构）：是指船体为纵横骨架加强的薄壳结构。

（3）槽型单板横向骨架结构：利用玻璃钢易成型性，将船体设计成槽型，起到纵向加强的作用，外加一定横向骨架抵抗横向受力。

（4）夹层结构：是指船体以两层较薄的玻璃钢层板为面板，中间夹有硬质泡沫塑料、蜂窝状填料及轻木芯材的结构。

采用不同的成型方法建造的玻璃钢渔船有着不同的优缺点。

1. 采用阴模的单板结构成型

这是最一般性的成型方法，玻璃钢船建造初期就采用这种方法，主要建造小型玻璃钢船，25m 以下的船也可以采用节板结构。但对 30m 左右的船，应进行强度试验，推荐采用夹层结构。

采用阴模制作单板结构的优点是成型施工比较简单，可以连续施工，因而容易制作，船体外表面光滑，施工轻松等。

缺点是因为在凹面施工，所以施工场所狭窄不方便，建造大型船时需要准备脚手架，从而增添了施工的难度，施工者特别需要注意卫生等。

2. 采用框架式阳模的夹层结构的成型

夹层结构船一般多采用框架式阳模成型，使用各种芯材，主要用于比较大型的船。

优点是在模型外侧施工较轻松，模具的结构简单，不必制成高精度的表面等。

缺点是船体外面出现凸凹，因此需要打磨修整，船体也需要翻转过来脱模，以及因内表皮积层施工有间断性等。

3. 用阴模的夹层结构成型和混合结构成型

用阴模的夹层结构成型和混合结构成型都与单板结构成型一样，都是在阴模内面积层装上芯材后再积层的方法，大、小型船都可采用。

因为是在阴模的内表面施工，这两种方法具有与单板结构成型同样的优缺点。另外，往曲率半径小的曲面上装芯材，有胶接不充分的问题。为了减少这些缺点，也可以采用单板和夹层的混合结构。

5.2　常用玻璃钢船舶具体成型工艺

5.2.1　手工积层成型

玻璃钢手工积层成型也称为手工糊制成型，是玻璃钢生产作业中最早的成型方法，也是玻璃钢船艇生产中至今仍广泛采用的一种工艺。积层指由浸透不饱和聚酯树脂的尚未固化的玻璃纤维增强材料相继叠合的铺敷作业。

手工糊制成型是以手工接触操作完成产品制作工艺全过程，故又称为接触成型。其最大优点是无需专用设备、投资少、操作简单、容易推广。其缺点是产品的质量与技工的技术密切相关、精度较低、产品性能离散度大、劳动强度较大。

具体做法是先在已采取脱模措施（上脱模剂或擦脱模蜡）的模具上喷涂胶衣树脂，待胶凝到一定程度后，再调配树脂（通常为不饱和聚酯树脂，调配即是在树脂中加入引发剂和促进剂，使树脂在一定时间内能凝结成固体），在胶衣层上涂刷一层后，铺上一层事先按模具尺寸裁剪好的增强材料（玻璃纤维布或玻璃纤维毡），用刷帚、刮板或辊辘等工具使增强材料浸透树脂，排除气泡，并使树脂均匀分布、含量适当。一层完毕后再进行下一层，如此反复进行，直到完成规定厚度（层数）为止。待树脂固化到较充分的程度后脱模，经修整加工后即为产品。手工积层成型简单易行，是最有灵活性、最经济的生产手段。对于这种工艺，只要有了模具，以及操作人员具备一定的技术素质，就可生产出造型各异的产品来。它的不足是劳动强度大、生产条件差、生产效率较低、影响质量的因素多，操作人员必须具有一定的技术素质，达到熟练程度才能胜任。

手工积层成型主要靠人的头脑和体力。手工积层的优点是在各个角落甚至狭窄的场所也能较好地积层，不用机械设备和加压设备等。缺点是如果工程管理、施工管理跟不上，会导致胶接不良、发生气泡等缺陷，从而引起层间剥离、龟裂和白化等。

在组织手工积层成型以前，必须对产品性能、构造特点及施工条件等进行全面了解，并在分析研究的基础上制定工艺路线。一般应根据产品的性能要求，合理选择纤维种类、树脂配方及陈设方式，根据产品的几何尺寸和强度要求，正确选择模具材料并合理设计模具。

5.2.2 喷射成型

喷射成型也称为喷涂成型，它是借助手操机械完成铺敷成型的一种方法。其过程为通过调整喷射成型机各部件的工作状态，使树脂与添加剂能按要求的比例混合，使切割器的切割速度恰好满足切割纤维的需求量，然后树脂通过喷枪口，纤维通过排料斗，一起均匀地喷射到模具表面，再通过滚轧排气成型。如果先在模具上铺好毡层，再从喷枪喷出混合好的树脂，然后通过排气成型，也属于喷射成型，见图 5.1。

图 5.1　喷射成型作业

喷射成型工艺采用双口喷枪，一个喷口喷树脂，树脂在喷口内由两个管路汇合，一个管路的树脂含有引发剂，另一个管路的树脂含有促进剂，在喷口内混合后喷出；另一个喷口是将玻璃纤维纱通过喷口后的切割器切成定长的短纤维，然后借助压缩空气喷出。两个喷口呈一定角度，使喷出的树脂与短切纤维在模具面上会合而成型，替代了手工积层操作。此法是借助机械进行的手工作业，作业质量仍由操作者手工控制，但减轻了劳动强度。用此法形成的玻璃钢层相当于使用玻璃纤维短切毡浸渍成型，树脂含量高，致密性好，但强度相对较低，只适用于强度要求不高的产品。在船艇生产中只能取代玻璃纤维毡层，不能取代玻璃布层，否则应予加厚，才能达到布、毡结合的设计强度。喷射作业时有树脂雾状逸散，应做好现场劳动防护工作。

喷射法不能用于主要结构上。它的优点是效率高、材料配比准确、产品质量稳定、没有接缝及连续性好。缺点是专用设备投资大，调试维修技术性强，产品质量仍依赖于人工的操作技能，环境污染较重。由于产品树脂含量高，性能指标偏低，只适于用玻璃纤维短切毡生产的小型船艇。

5.2.3　真空袋压成型

真空袋压成型亦称为湿法成型或预浸渍成型。这种工艺适用于制造通过压缩成型无法实现的复杂复合材料部件，大型或小型均可。以往常用于制造飞机部件及有关运动器材，在船艇方面应用较少。但随着技术发展及相应材料、设备更新进步，该工艺应用面越来越广，现已在航天、航空、火车、风机叶片、船舶、体育器材、安全器材等领域广泛应用，尤其适合夹层结构制品。

国内真空袋成型作业通常是将增加材料经过混有固化剂的树脂槽蘸取树脂，再通过调节树脂槽上一对轧辊之间的缝隙，刮去多余树脂，达到合适的含胶量，将预浸渍的增强材料铺敷到喷有胶衣层的模具上，达到设计铺层数后铺脱模布再铺敷真空袋膜，四周用胶条密封，抽真空对其均匀加压，在空气负压的作用下固化，见图 5.2。

图 5.2　对预浸材料进行负压固化

真空袋压成型工艺（图 5.3）流程如下。

（1）预浸渍增强材料。

（2）将预浸材料铺敷在模具上。

（3）铺脱模布。

（4）铺透气毡。

（5）铺敷真空膜。

（6）用密封胶带密封。

（7）抽真空。

（8）固化。

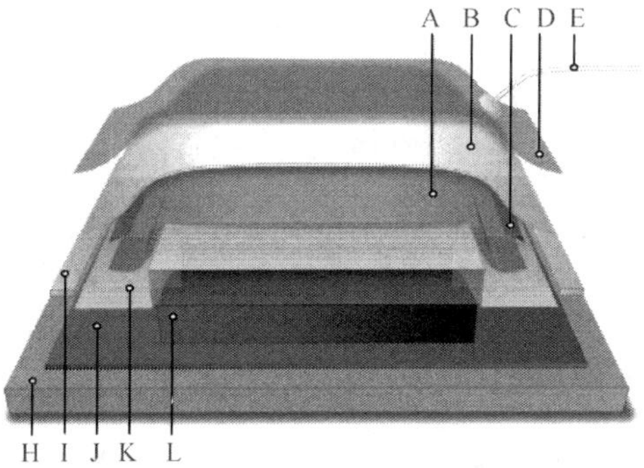

图 5.3　真空袋压成型工艺示意图

A.分压膜；B.透气毡；C.压敏胶条；D.真空袋膜；E.阀门和软管；
H.模具；I.密封胶带；J.脱模剂；K.剥离层；L.玻璃钢层

真空袋压成型工艺的优点如下。

（1）比手工积层成型制成的部件力学性能提高 20%以上，性能均匀，离散度小。

（2）可消除气泡、层间黏接不良等弊病。

（3）产品含胶量较易控制。

（4）减少苯乙烯挥发，有利于改善施工环境。

缺点：

（1）制造成本比手工积层略高。

（2）对工艺装备要求高。

5.2.4　真空树脂导入成型

真空导入工艺（vacuum infusion process，VIP）是在模具上铺增强材料（玻璃纤维、碳纤维、夹心材料等，有别于真空袋压工艺），然后铺真空袋，并抽出体系中的空气，在模具型腔中形成一个负压，利用真空产生的压力把不饱和树脂通过预铺的管路压入纤维层中，让树脂浸润增强材料并充满整个模具，制品固化后，揭去真空袋材料，从模具上得到所需的制品。真空导入工艺采用单面模具（如通常的手工积层和喷射模具）建立一个闭合系统。真空树脂导入成型的基本原理为借助真空驱动，把树脂注入预先铺敷在模具上的增强材料，利用导流介质在部件表面形成高流速的渗透区，使树脂迅速达到产品的整个表面，浸渍主要是通过厚度方向来实现。该工艺的另一种形式是夹层结构在芯材上开槽打孔，增强材料在芯材的上方或下方，树脂在槽孔内流动，其速度快于在导流介质中的流动，见图 5.4。

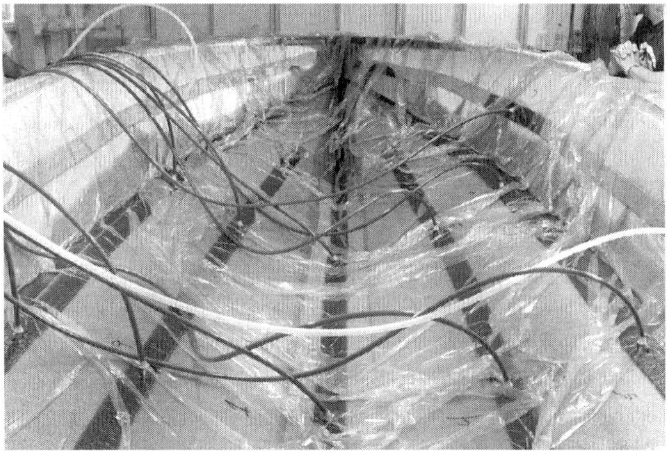

图 5.4　真空树脂导入成型施工

真空树脂导入成型工艺（图 5.5）流程如下。

（1）按铺层设计铺敷增强材料（用专用喷胶固定）。

（2）铺脱模布、导流布。

（3）布置导流管。

（4）浸润增强材料。

（5）固化。

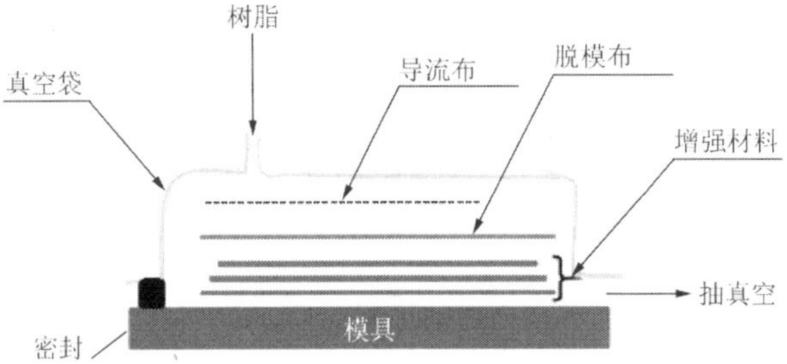

图 5.5　真空树脂导入成型工艺示意图

真空树脂导入成型的优点如下。

（1）产品性能优良。与手工积层相比，真空树脂导入工艺的船体强度、刚度等力学特性可提高 30%以上。

（2）产品质量稳定、重复性好。产品质量受施工人员影响小，性能离散度小。产品纤维含量高，一般纤维质量分数在 60%～70%，产品孔隙率可低于 5%，缺陷也较少。

（3）抗疲劳性能提高、减轻船体重量。由于产品纤维含量高、孔隙率低、产品性能好，尤其是层间强度的提高，大大提高了产品的抗疲劳性能。在力学性能要求相同的情况下，可减轻产品重量。

（4）环境改善。真空树脂导入成型是一种闭模工艺，挥发性有机物被局限于真空膜中，仅在真空泵排气（可过滤）和树脂搅拌时有微量的挥发物，苯乙烯气体浓度不超过 5ppm，远低于国际挥发性有机物的标准值，这也大大改善了施工人员的工作环境，也扩大了许用材料的范围。

（5）产品整体性好。真空树脂导入成型工艺可以使船体单板与结构件及其他预埋件、夹层结构同时成型，提高了产品的整体性。

真空树脂导入成型的缺点如下。

（1）准备工序时间较长而且较为复杂。该工艺需要正确的铺层、铺设导流介质和导流管、有效的真空密封等，任何疏忽都会导致施工的失败。因此，对于小尺寸产品，其成型时间反而超过手工积层成型。

（2）生产成本较高，并会产生较多的废料。真空膜、脱模布、导流布及导流管等辅助材料都是一次性的，对树脂和增强材料的要求也高，而且有的材料还要依赖进口。虽然与手工积层成型相比，树脂用量减少 30%，树脂损耗率低于 5%，节约劳动力 50%以上，但总的生产成本一般比手工积层成型高。

（3）工艺制造有一定的风险。尤其是大型船艇，一旦在树脂导入中失败，产品易报废，因此要做好前期研究，严格控制工艺并准备有效的补救措施，以保证成型的成功。

5.2.5　机械浸渍成型

机械浸渍成型工艺常用于制造大型船艇。该工艺能降低劳动强度、保持含胶量的一致性和提高产品的质量。浸渍机是一种高效的机械，用来浸渍和铺敷玻璃纤维以及其他材料。浸渍机采用气动系统推进的半高架桥式起重机把纤维材料铺敷在模具上。

浸渍机由受控的树脂槽和两对轧辊组成，采用精密气动进行控制，湿法轧辊放置在连续运动的机械上，这个过程包括两个捏合轧辊用于在增强材料两侧形成树脂槽和一对橡胶轧辊用来供料并防止自重引起的材料滑落。

浸渍机有桥式吊车型、门式起重机型及伸缩式等几种类型，与机械辊平装置配合使用。

施工中，将玻璃纤维浸透已混有固化剂的树脂，再经过两个轧辊挤压，使得玻璃纤维与树脂的比例能够保持均匀稳定，然后由往复积层机铺敷到模具上，再由机械辊平装置压实，排出气泡。

辊平装置可安装在浸渍机下部，也可独立使用，十分方便。在浸渍机上，还配备有调配树脂所必需的计量、混合和泵送等装置。

机械浸渍成型的优点如下。

（1）比手工积层成型节省了 3/4 的劳动力，减轻了劳动强度。

（2）提高了产品质量。

（3）加快了建造速度。

机械浸渍成型的缺点如下。

（1）设备昂贵。

（2）只适用于中、大型玻璃钢船艇结构。

5.3 具体手工积层成型工艺流程介绍

5.3.1 积层施工程序概述

不管采用哪种成型工艺，玻璃钢渔船在积层之前都需要进行一系列的准备工作。在准备工作完成之后，才能开始进行具体的玻璃钢积层作业。具体手工积层成型的作业程序一般如下。

（1）玻璃纤维的裁剪。

（2）模具的整理准备。

（3）脱模剂的涂覆与干燥。

（4）胶衣的喷涂与固化。

（5）积层作业。

（6）成型后脱模。

（7）检查与修补。

5.3.2 玻璃纤维的裁剪

在进行玻璃钢积层作业之前，需要根据船体的外形进行玻璃纤维的裁剪。

（1）确定玻璃纤维的种类、尺寸、数量，制作各种样板，根据样板的形状进行裁剪。

（2）玻璃纤维裁剪在作业台上开展（图 5.6），以钢尺量取所欲裁剪的尺寸，以水溶笔做记号，数张重叠后用剪刀、壁纸刀、电动切刀等裁剪。

（3）剪裁后要确定玻璃纤维的数量和重量。

（4）根据纤维品种进行分类，分别以细绳捆绑后置于架子上保管。

图 5.6　玻璃纤维材料裁剪工作台

5.3.3　模具的整理准备

玻璃钢船体的外观和表面状态受模具表面质量的影响，而且模具的使用寿命和使用效率对建造成本的影响很大，因此，模具需要细心加以整理，延长使用寿命以保证产品品质。在模具使用之前应该对照设计图纸检查模具的尺寸和存放状态，已经使用过的模具应该检查是否有损坏的地方。

如果玻璃钢模具表面发现损坏，应及时进行修补，修补方法如下。

（1）用 400～600 目水砂纸与水研磨。

（2）用 800 目水砂纸与水研磨。

（3）用 1000 目水砂纸与水研磨。

（4）先用抛光机磨光，再使用棉纱布磨光，每次研磨均需更换棉纱布。

（5）若要模具有光泽，可以上蜡研磨。

（6）使用聚乙烯（polyethylene，PE）膜覆盖模具后保存，使模具表面不要接触灰尘、油及水分等。

5.3.4　脱模剂的涂覆与干燥

在建造玻璃钢渔船时，可以采用石蜡系的脱模剂和聚合物类的脱模剂来进行脱模作业。

1. 石蜡系脱模剂

使用石蜡系脱模剂进行涂覆与干燥的步骤如下。

（1）用干净的棉纱布将模具表面擦拭干净，确认表面无污物、粉尘后，开始打蜡。

（2）用棉纱布蘸取蜡，以一定的方向，按顺序轻轻地、均匀地涂抹在模具表面。

（3）对于表面积大的模具，由最靠近身边的部位开始涂覆，不要一下子大范围涂覆，因为蜡干燥后研磨困难。间隔 20min 待其干燥后，用干净棉纱布将蜡面擦拭一次，完毕后再依上述方法涂覆余下的几次蜡（一般要求涂覆 8 次），最后的两次用羊毛辊抛光。然后将模具装饰贴面板（宝丽板）接缝腻子处用聚乙烯醇脱模剂涂擦两次。

（4）模面的凸出部、尖角部在涂覆时都要特别注意。

（5）不能有未涂覆到或抛光不到的地方。

2. 聚合物类脱模剂

使用聚合物类脱模剂（聚乙烯醇）进行涂覆时的步骤如下。

（1）与蜡系脱模剂相同，从同一方向按顺序涂覆。

（2）涂抹聚乙烯醇的材料有棉纱布、海绵等，其中海绵涂覆较容易。

（3）用海绵的边端吸取少量聚乙烯醇，保持一定压力在模面轻轻涂覆。

（4）凹部和角隅处海绵不容易擦到，可用手指或小辊的前端包布，蘸取聚乙烯醇（注意不要滴落）轻轻涂覆。

（5）聚乙烯醇最好涂覆两次，间隔时间最少为 15min。待聚乙烯醇变干固化后进行下一层涂覆，环境温度低于 20℃时，需要延长固化时间，但如果没有涂均匀，需以水清洗后重新涂匀。

（6）聚乙烯醇涂覆后必须检查有无没涂好或没涂到的地方。

（7）每层涂覆均换用干净的新布，若表面出现条纹，需更换新布。另外，注意棉纱布上不要蘸取过多的聚乙烯醇，过量聚乙烯醇也会导致条纹的出现。大部分纹路可待聚乙烯醇固化后，使用干布稍加擦拭去除。

（8）最后一层聚乙烯醇涂覆完毕后需最少等待 30min 以保证聚乙烯醇充分固

化，再喷涂胶衣。

5.3.5　胶衣的喷涂与固化

船体模具脱模剂涂覆完成之后，可以进行胶衣的喷涂与固化。

1. 胶衣喷涂的目的

（1）使船体外观光滑漂亮。

（2）形成保护层，防止玻璃纤维显露在船体的表面。

（3）提高船体的耐候性、耐水性、耐腐蚀性等。

（4）防止模具损伤，使脱模性更好。

2. 胶衣涂覆时所需要的工具

在涂覆胶衣树脂时，为保证涂覆的胶衣树脂均匀、缩短作业时间，一般采用喷涂作业的方式，所需要的设备和工具一般有如下几种。

（1）喷枪。

（2）空气压缩机。

（3）空气过滤机、压力调节器。

（4）高压空气管。

（5）混合容器、洗涤容器。

（6）搅拌机、量具。

（7）换气装置。

3. 准备事项

具体进行胶衣树脂喷涂之前，应该进行检查和准备，准备事项包括以下内容。

（1）先检查喷枪、空气压缩机等设备和工具是否完好。在喷涂作业前，先将胶衣预喷在玻璃板上，以确定喷涂状况是否良好。

（2）胶衣在使用之前应人工缓慢充分搅拌 2min 左右。胶衣树脂在储存时有些成分会分离，使用之前应充分搅拌以确保喷涂的质量。

（3）应考虑喷涂时间与温度的配合。确定胶衣、促进剂、固化剂混合的比例是否正确，使用时需在喷枪的杯子内搅拌均匀。

（4）注意正确调整空气压力。必须将空压机内和空气滤清器内的水分排掉。

（5）经常检查作业场所的温度计，以确定施工现场的温度。

（6）注意施工现场照明度的检查，以保持光线明亮。

（7）检查通风装置。

（8）确保周围没有烟火，加强安全检查。

4. 胶衣喷涂作业程序

准备工作完成之后，可以进行胶衣喷涂作业，见图 5.7，具体喷涂程序如下。

图 5.7 胶衣喷涂作业

（1）确定脱模蜡或脱模剂（聚乙烯醇）的干燥状态。

（2）确定胶衣的凝胶时间。

（3）调整喷涂压力、喷涂的状态。

（4）混合固化剂，使凝胶时间在 30～60min。

（5）喷涂一次或两次，使胶衣的厚度控制在 0.4～0.6mm。喷涂量在 500～600g/m^2 最好。

若分两次喷涂，则喷涂第二次胶衣应是在第一次胶衣凝胶之前进行。二次涂布时，胶衣颜色应与第一次不同，方便观察涂布是否均匀，是否存在遗漏之处，以及在积层脱泡作业时，容易观察到是否留存气泡。

（6）喷枪的方向应与模面垂直，手腕左右平行移动喷涂，喷枪的移动应以固定速度进行。

（7）若用口径 2.5mm 的喷枪，喷涂的压力应为 4～5kg/cm^2。空气管不宜过长，否则，压力会下降不足；若压力过大，则胶衣飞溅，损失增多。

（8）喷涂距离保持在 400～600mm。距离太近，胶衣层会形成小波纹。喷枪的种类、口径、压力会改变喷涂的距离，因此最好先进行预喷作业。

（9）圆喷易产生漏喷，最好使用平喷的方式。

（10）胶衣层的湿态厚度可用测厚板测定，见图 5.8。

（11）喷涂作业结束后，喷枪要完全清理干净。

图 5.8　用测厚板测胶衣层湿态厚度

5. 胶衣喷涂时的注意事项

（1）喷涂作业要在一定的场所进行，相对湿度不能超过 80%，通风条件需良好，施工人员喷涂时应戴防毒面具。

（2）喷涂时最好从艏或艉开始，一直到两舷。

（3）在开始凝胶的胶衣上，最好不要再涂覆胶衣。

（4）容易残留的苯乙烯气体会使胶衣固化不完全，所以涂布后，应保证良好的通风。

5.3.6 积层作业

1. 积层用树脂的种类

积层用树脂的黏度和凝胶时间通常会按季节的不同而做适当的调整，因此购买树脂时，应先了解树脂的特性。常用的树脂有如下分类。

1）预促型

为了避免促进剂与固化剂同时加入发生爆炸及计算所需促进剂量的麻烦，生产厂家预先将促进剂加入树脂中。

2）添加石蜡型

不饱和聚酯树脂在固化时若与空气接触，则大气中的氧会影响固化，使得表面残留具有黏性。因此，在积层时最后一层树脂中要添加石蜡，可阻隔空气与树脂，使树脂固化完全。

3）具有触变（摇变）性型

为了避免在垂直面和倾斜面涂布树脂作业中产生流挂现象，在树脂内添加触变（摇变）剂，以利于积层作业。

4）速固化型

速固化型树脂一般指环氧树脂，或者指添加了适当固化剂以提高固化速度的树脂。

为了提高成型作业的效率，将凝胶时间、固化时间大幅缩短，促使制品尽快脱模，增加模具的使用率，可以使用速固化型树脂。

2. 树脂的混合

不饱和聚酯树脂的操作时间和固化时间受环境温度、相对湿度、促进剂、固化剂的添加量影响很大，因此适当的混合配比对于操作性、效率的提升非常重要。

树脂混入促进剂、固化剂、颜料糊、填充料及其他材料时必须要按照顺序均匀地加以混合，否则容易引起爆炸。混合的方法一般是利用搅拌棒、空气搅拌机或电动搅拌机。

固化剂、促进剂加入树脂中混合，通常不需要很大的搅拌装置，最简单的是用手持搅拌棒来混合。这种方法应特别注意搅拌是否均匀，因为固化剂有时附着在容器壁上或褶缝里，有时在树脂中扩散不完全，会造成固化程度不均匀。从容器壁向中间充分搅拌可使容器壁上或褶缝里的固化剂完全溶于树脂中。

颜料糊、填充剂等的混合一定要用搅拌机，使用搅拌棒很可能混合不均匀。搅拌机将其充分混合后，若长时间静置，填充料会产生沉淀，因此使用之前需要再次搅拌。

3. 积层原则

（1）应以玻璃纤维短切毡和玻璃纤维布交替铺敷成型。

（2）铺敷应尽可能按连续方法安排，若需要分次成型，间隔时间应为 8～12h，并且界面所用树脂应选择无蜡树脂。

（3）严格控制树脂用量，对于玻璃纤维短切毡，树脂质量分数为 65%～75%，对于玻璃纤维无捻粗纱布，树脂质量分数为 45%～55%。

（4）船体外板宜采用整体积层。

4. 施工作业前的准备

（1）剪裁增强材料。按设计要求，剪裁玻璃纤维毡、玻璃纤维布，用不易脱色的非油性笔标记。烘干后，按工艺顺序摆放，严禁污染。

（2）准备模具。将模具组装好，除净表面灰尘，涂刷脱模剂，喷涂胶衣层，在胶衣层固化到“指干”的程度时，应立即积层。

（3）人员定位。所有参与施工的人员，按指挥、调胶、送料、积层的分工全部到位，积层人员应带好各自的工具，站到脚手架上。

（4）配制胶液。按照凝胶试验的结果调整配方，按每道工序的使用量进行调胶。树脂中的添加剂严格按照比例兑入，搅拌一定要均匀，并根据少量多次的原则进行配制。

5. 积层操作

（1）先在模具上涂一层树脂，铺上一层表面毡，完全排出气泡，再铺 1～2 层玻璃纤维短切毡，脱除气泡。这可以使壳体表面形成一个富树脂层，它和胶衣层紧密连接在一起，共同起到防止渗漏的作用。表面毡还可以提高船体的外观档次。

（2）按照设计的积层顺序连续铺层。要求快速准确、表面平整、含胶均匀、没有气泡。接缝处可采用对接或搭接。胶接表面应平整，但不宜光滑，胶接前应预先用砂纸（或打磨器）打磨，附着在表面的灰尘、水分等影响胶接质量的物质必须清除干净。

（3）舱壁及重要构件应在两侧采用连接毡片或等效方法与相邻结构连接，每侧各层连接毡片的单位面积重量之和应不低于受连接的构件中较轻者的 1/2，也不应低于 900g/m^2 毡或等效重量，每层毡片应比前一层两边都宽 25mm。这里所指的一层是指总厚度不大于 2mm 的积层，它可以由若干条同样宽度的增强材料叠铺而成。

（4）对接接缝，在两层之间应错开 100mm，五层之内不允许重叠，积层在五层以下的壳板，不允许采用对接。搭接的接头宽度应不小于 50mm，也应注意层间交错和层板中的接缝位置（无论同一层或相邻层），以免局部突出过高，见图 5.9 和图 5.10。

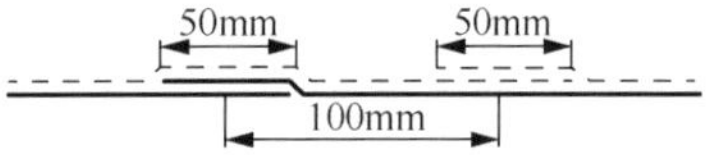

图 5.9　横缝搭接

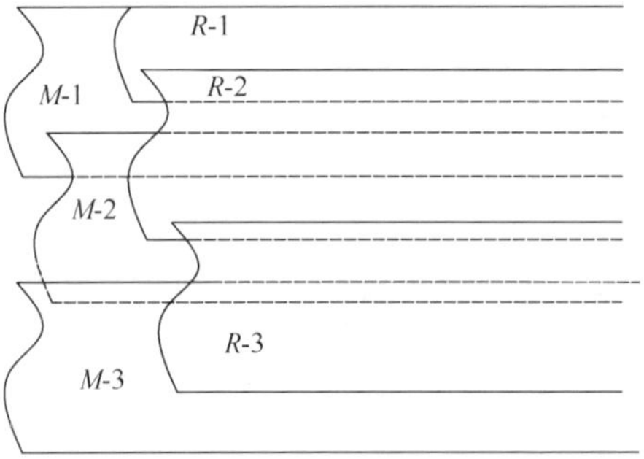

图 5.10　纵缝搭接

（5）积层由厚变薄时，为避免其间板厚急剧变化应制成梯形斜面，见图 5.11。

图 5.11　厚薄板间梯形斜面

（6）方艉板与外板及底板的结合处是三者间接缝的交汇，应避免同一位置重复搭建，应特别注意脱泡效果。

（7）补强部位积层应夹在基本积层内分几次积层，补强积层的边缘不要露出基本积层表面。

（8）在外板积层过程中，如有分浪条，应在棱角处加入补强积层，以增加其厚度。若需较大厚度，应分数次加厚，不宜一次就加足厚度，见图 5.12。

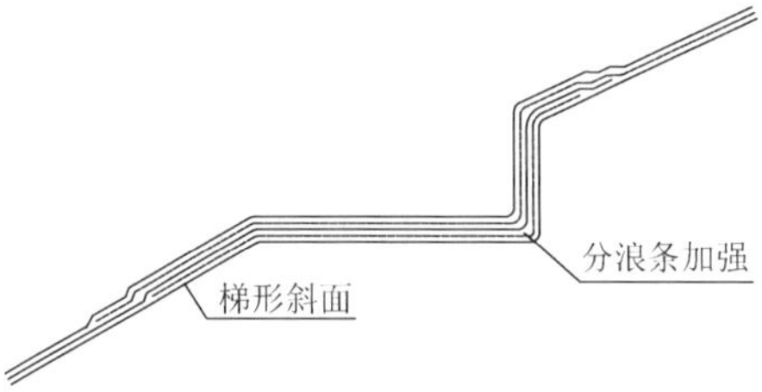

图 5.12　分浪条加强加厚积层

（9）舭部可用积层补强，具体可采用搭建及使用塞板增厚至所需厚度，或者厚度由补强分段倾斜递减至基本积层的厚度，以及单独使用塞板等三种方式。塞板是用玻璃纤维布形成一密接积层在补强的短切毡铺层上，在填补棱沟之后连续积层。

（10）所有预埋件要积层服帖，金属预埋件须经除锈、抛丸（或酸洗），与它们接触的首层必须用毡。

（11）当壳板过厚，需多次成型时，最后一层应涂无蜡树脂。最好再铺上一层玻璃纤维细布，下次成型前撕去细布，这样可以保持积层表面的清洁并起到拉毛的作用。再次积层前应铲去毛刺及气泡，首层仍需用毡。

（12）容易起泡或脱层的角隅部位应注意开刀和补贴，层间的刀口位置要错开剪裁。

（13）对空洞、白化、鼓包及多余的边角应进行湿态（刚要固化时）修整，此时最容易操作处理。

6. 积层作业应特别注意的事项

积层作业是在玻璃纤维上含浸树脂，再进行脱泡，施工中若没有特别注意，可能会产生如表 5.2 所示的各种缺陷。

表 5.2　积层施工可能产生的主要缺陷

原因		缺陷						
		气泡	剥离	龟裂白化	树脂含浸不良	树脂过多、不均匀	固化不良	纤维基厚度不均匀
脱泡作业不适当		○	○	○	○	○		○
固化时异常发热			○	○				
积层面有污垢、异物混入		○	○		○			
积层压力	不足	○	○	○	○	○		
	过大			○	○			○
固化时间不适当	太快	○	○	○	○			
	太慢		○		○	○	○	
积层厚度过大			○	○				

因此，积层作业时应特别注意如下事项。

（1）积层之前先检查胶衣是否达到适当的固化程度。一般胶衣层固化到“指干”程度时，应立即积层。对于较大型船舶，“指干”状态不容易掌握，间隔时间应控制在 4～8h。

（2）角隅处容易残留气泡，可插入一些碎玻璃丝布来解决，但是碎玻璃丝布含浸树脂后会很快固化，所以一次不可用太大的量。

（3）在积层作业中，不要大范围的涂布树脂，以免来不及操作。

（4）第一层的积层作业，要特别注意不能有气泡或针孔。

（5）铺敷玻璃纤维后，最好不要立即浸润树脂，而用不蘸树脂的辊子辊压玻璃纤维，将下层树脂压出来含浸纤维，并把下面气泡排出，再适当蘸取树脂浸润纤维。辊子蘸取树脂时要在容器壁上刮去多余树脂。

（6）积层中要注意隔开脏的物品、灰尘，以免造成不良影响。

7. 积层设备与工具

手工积层成型不需要专用设备，只需要一般的工具，如羊毛浸润辊子、钢质（或猪毛）脱泡辊、箅子板、抹刀、铲刀、剪刀、刷子及树脂小筒等。至于衡器、量具、砂轮切割机、角向打磨机、抛光机、吸尘器等，则不论选用什么成型工艺，都是必不可少的。

5.3.7　成型后脱模

玻璃钢渔船属于大型玻璃钢产品，成型后应及时进行脱模作业，保证脱模顺利，产品品质优良。

1. 脱模前注意事项

（1）固化程度应在巴柯尔硬度 40 以上。

（2）脱模时为了不使船体造成大的变形，船体内部主要结构件（如隔舱壁、纵桁材、肋骨等）应预先安装，以保证船体的刚性。

（3）脱模时起吊及支撑要适当。

（4）模具面应有适当的脱模角。

2. 脱模作业施工要求

进行脱模作业时，应严格按照施工要求进行脱模，避免对船艇造成破坏，具体操作如下。

（1）将成品紧系在吊车或吊架上。

（2）松开模具拼合螺栓，在接合处打下锲木。

（3）敲打模板，使相邻两模具脱开。

（4）若使用整体模具，则应在接触面间注入压缩空气（2kg/cm^2 左右）或水束帮助脱模。

（5）慢慢启动吊车，慢慢将成品吊出模具，见图 5.13。

图 5.13　脱模作业

3. 脱模时注意事项

（1）槌子敲击时，应注意模具和成品胶衣层不要产生裂纹。

（2）避免造成模具边缘的损伤。

5.3.8　检查、修补与存放

玻璃钢渔船船体在脱模完成之后需及时进行检查，除去船体表面毛边和飞刺，修补表面和内部缺陷。

1. 检查

由检验员对完成脱模的船体进行质量检测，操作人员对成型不良部位进行标注，现场人员对成型不良部位的原因进行分析，确定成型不良原因。

2. 修补

去除船体表面的毛边、毛刺等，使用专用工具对切割好的玻璃钢渔船船体表面、边角进行修整，使其达到船体成型的要求。

3. 修补完成（修补并打磨完成）后再送检

修补完成之后，需再进行一次检查，确保船体成型达到要求。对达到要求的船体结构进行防护。

4. 存放

对检验合格的船体进行清理，完成后按照指定工序存放，船体要放于指定位置，等待出货。因玻璃钢制品材质较脆，应避免对其表面冲击，严禁对船体进行敲打、撞击等有可能使船体损坏的行为。

5.3.9　夹层结构的积层要领

夹层结构主要采用手工积层法，其与单板结构不同的地方有以下几个方面。

1. 采用框架式阳模时

采用框架式阳模敷设夹层结构时，敷设芯材需要注意下述事项。

（1）芯材之间的间隙要保持在 1mm 以内。间隙大时树脂堆积过多易产生龟裂。

（2）芯材的外表面要与船型一致并尽量光顺。

（3）芯材多是用钉子钉在模具上的，要把钉头打扁，以便于脱模前容易拔出。

（4）根据芯材的种类，在积层之前，有的芯材要在考虑其同树脂的胶接性和有无相斥性的基础上进行表面处理。

2. 采用阴模时

采用阴模敷设夹层结构时，是先敷设玻璃钢外皮后再装芯材，需要注意下述事项。

（1）要与玻璃钢外皮的内面牢固地接合。玻璃钢外皮的内面会有些凹凸不平，如果影响芯材与之密合就需要修整，使之不留空隙。

（2）采用软木芯材时，虽然间隙允许在 4mm 以内，但也应该尽量减小间隙。

（3）芯材的内、外表面皆用玻璃纤维毡积层。

5.4 具体喷射成型工艺

5.4.1 喷射成型工艺对材料的要求

1. 对胶衣树脂的要求

胶衣树脂除满足玻璃钢产品性能要求外，在工艺方面要求静态黏度要大（但要合适，不能太大，防止产生其他不利影响），以防在光滑的模具表面流胶而影响产品外观及表面性能。同时要求胶衣树脂动态黏度要小，以便从喷枪喷出的瞬间很容易分散成所需的扇面。也就是说，树脂静态黏度很大，但分子之间润滑性能、触变性能却很好。

调整胶衣树脂的静态、动态黏度，应从树脂分子量大小，填料粒度及用量，分子润滑剂、触变剂、稀释剂用量等因素考虑。常用的喷射用胶衣树脂性能指标如表 5.3 所示。

表 5.3 喷射用胶衣树脂性能指标

性能	指标
黏度/(Pa·s)	10～20
密度/(g/cm^3)	1.1～1.3
触变指数	5～7
胶凝时间/min	10～17
储存期/月	3

2. 对基体树脂的要求

基体树脂首先必须满足产品使用性能要求，根据玻璃钢产品的不同用途，选用相应类型的树脂。工艺方面要求基体树脂对纤维有良好的浸透性，还要具有很好的触变性，以及适宜的固化时间。此外，基体树脂与胶衣树脂的固化收缩率应尽可能一致。

调整基体树脂的黏度，应从树脂的分子量大小、触变剂和稀释剂用量等因素去考虑。常用的喷射用基体树脂性能指标如表 5.4 所示。

表 5.4　喷射用基体树脂性能指标

性能	指标
黏度/(Pa·s)	0.9～1.2
密度/(g/cm³)	1.06～1.08
酸值/(mgKOH/g)	12～20
触变指数	2～4
胶凝时间/min	8～15
储存期/月	3

3. 对纤维增强材料的要求

喷射成型所用的增强材料是玻璃纤维无捻粗纱。要求无捻粗纱应具有良好的浸渍性、分散性、切断性、脱泡性、覆膜性、抗静电性等。常用的纤维增强材料性能指标见表 5.5。喷射用玻璃纤维久置会吸潮，使用前应烘干，以防影响喷射操作和产品质量。

表 5.5　纤维增强材料性能指标

性能	指标
单丝直径/μm	10～13
线密度/tex	2200～2400
粗纱硬挺性/cm	≤16
浸润剂含量/%	0.5～2
含水量/%	＜0.1
密度/(g/cm³)	2.55～2.60

4. 对催化剂、促进剂的要求

催化剂一般采用活性氧含量为 9%的液体过氧化甲乙酮或液体过氧化环己酮。一般选用环烷酸钴作促进剂，在生产树脂时就把促进剂直接加进树脂，混合均匀，但有的生产厂不加促进剂，使用时要弄清楚。

5.4.2　喷射成型操作

1. 树脂喷涂

（1）将促进剂与树脂按比例搅匀成为预混树脂。

（2）采用液相的过氧化甲乙酮或液相的过氧化环己酮作为催化剂，单独运转调试，排净管路中的气体，调节好应喷出的配比。

（3）单独运转预混树脂的喷射机构，调整好所需树脂的喷射流量。

（4）整体试喷，确认混合喷涂的比例正确无误。

（5）确认模具上的胶衣凝胶后，进行正式喷涂。

（6）在模具上按铺层设计逐层铺覆玻璃纤维毡、玻璃纤维布，然后逐层喷涂。

（7）每一层都应用箅板将纤维压实，刮去多余树脂，排除气泡。

2. 积层喷涂

（1）喷涂时，喷枪与模具表面距离保持 30～40cm，并应使喷枪保持垂直于模具的状态。

（2）喷涂时喷枪不能走弧线，要平行移动喷枪，不要只摆动手腕，否则会使雾粒距离远近不一。

（3）每一行程的速度要保持一致，使供给的树脂充满，保证涂膜厚度均匀。

（4）重叠行程 30%～50%，不要用一次行程到达终点。行程的长度应使操作者感到合适。

（5）在层的喷涂过程中，应从一侧开始喷涂，再喷涂另一侧。每一道喷涂都应平行于前一道，以获得均匀的厚度。之后再进行多层喷涂，应与前一层的方向正交或者斜交，以保证合适的均匀一致的涂层。

（6）在实际操作时，第二次喷涂应从一端连续地工作到另一端，避免对模具中其他零件的喷溅。下一次喷涂或者在大型模具上进行的第二次重叠喷涂，都不能过分地滞后。

（7）喷涂拐角时，在拐角的每一边底下喷涂一遍，直到距离拐角大约 30cm。当喷涂邻接区域时，采用短行程。喷涂弯度不大的曲线时，通过喷枪的弯弧形喷涂以保持喷枪垂直于工作表面。

（8）喷涂狭窄的通道时，旋转流体控制阀以减小流量，并调小风扇转速，较低的流量和空气压力是必要的，要求多次喷涂。先喷涂边上，不得用风扇直接平行于通道喷涂，应保持风扇垂直于通道或使角度尽可能大些。

（9）喷涂胶衣应注意的问题：首先，必须了解要喷涂的表面积大小，用量 500～600g/m^2，这时有 0.4～0.5mm 厚的胶层，一般胶衣层厚度控制在 0.3～0.6mm，但不能小于 0.1mm，否则无法固化；其次，要根据环境温度，调节好催化剂用量，催化剂用量一般控制在 1.2%～3.6%；最后，还应注意胶衣喷涂作业要连续进行，不要中途停顿，若中途停顿 20～40min 再继续喷涂，则与停顿前所喷胶衣层重复的部分会起皱。因此，喷涂前应做好充分准备。

（10）喷涂增强积层时应注意的问题：首先，根据玻璃钢制品的机械性能要求，调节好玻璃纤维与树脂用量比例；其次，根据环境温度，调节好催化剂用量；最后，增强积层第一遍喷涂应喷薄些，两次积层之间要有一定时间间隔。

（11）增强积层喷涂后，压平、脱泡的方法是用辊轮充分滚压。

5.5　积层施工的管理

渔船在建造过程中的管理是必不可少的，并不会因为渔船尺度小而降低管理的重要性。实际上，施工管理、工程管理以及质量管理是不可分割的三个部分，对这三部分的管理内容需要在思想上统一认识并执行。

工程管理、质量管理、施工管理在建造钢船、木船时也一样需要，但是玻璃钢船的积层施工与钢船、木船有所不同，它是伴随化学反应的施工方式，而且是用积层方法使船体成型，需要更加严密的计划。因此，需要编制、设计与钢船和木船不同的积层要领图，据此编制积层施工要领书，进而编制积层施工工程表，根据这些资料进行施工。

5.5.1　施工管理

积层要领图和积层施工要领书是编制施工工程表的依据，也是积层施工和质量管理的指南，下面对其内容进行说明。

1. 积层要领图

积层要领图是将下述各项内容用图纸形式表达的资料，在这个图纸资料上指示玻璃钢渔船代表性结构的详细情况，见图 5.14。

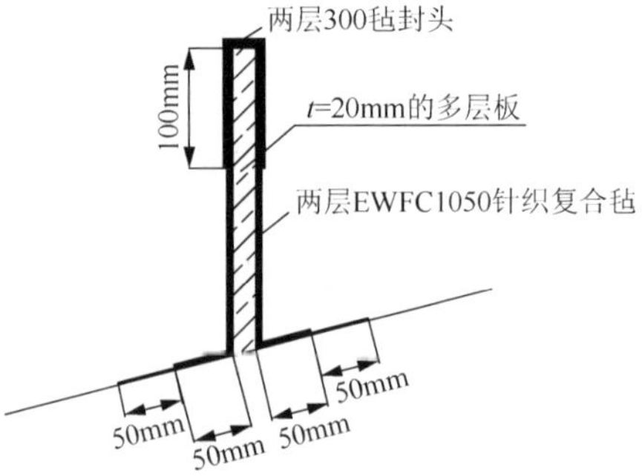

图 5.14　舱壁板的积层要领图

（1）积层构成。表面玻璃纤维基材的种类、搭接顺序和构成。

（2）积层顺序。指示积层的起点和前后、上下方向。

（3）搭接位置。指示玻璃纤维的搭接位置。

（4）搭接尺寸。指示搭接宽度、相邻的搭接间隔、玻璃纤维基材的搭接尺寸等。

（5）接头详图。图示玻璃钢积层接头形状和尺寸、玻璃纤维的构成及各种代表性的接头。

（6）特殊部分的结构。图示艏结构、艉柱安装部位、舭龙骨和艉柱底材结构等。

2. 积层施工要领书

积层施工要领书是根据积层要领图将下述各项写成文字的资料，叙述所有积层施工的基本事项。

（1）环境条件。指示积层施工时的温度、湿度及调节方法。

（2）玻璃纤维基材和树脂量。根据积层面积和积层构成估算两者的重量。这是根据不同种类的玻璃纤维基材能够含浸的树脂量不同，算出各个积层的玻璃纤维基材量和树脂量。

（3）人员配备。包括各层积层施工人员计划，如树脂调配、积层脱泡、材料搬运等的人员调配计划。

（4）时间计划。指示各层积层所需时间、每天的预计积层时间、各层敷设的时间间隔即放置时间，以及脱模剂涂抹时间、凝胶层涂抹时间、构件的安装时间、脱模时间等。

（5）指示玻璃纤维切割尺寸。

（6）指示树脂的一次调配量和调配方法及场所。

（7）指示脚手架、通道的安装位置。

（8）指示通风和吸尘方法。

（9）指示照明方法。

5.5.2　工程管理

下面以实际的玻璃钢渔船建造过程中的单船建造时的工程管理问题为例进行说明。

首先应编制施工工程表并认真执行，做好记录，对照分析工程计划和实际情况加以修订，使得下一工程更趋合理。

编制时与普通船厂生产计划一样，需要编制整个工程的大日程、中日程和小日程计划。

以建造玻璃钢船独特的积层施工的小日程计划为例，积层施工工程表（即小日程计划）根据积层要领图和积层施工要领书编制。积层施工不仅伴随着化学变化，而且要求在极短时间内准确的施工。所以小日程表上要以小时、分钟为计算单位编制时间计划，特别对时间的衔接问题要求表示清楚。

制作积层施工工程表一定要熟知所使用的树脂和玻璃钢的固化特性。在实际编制施工工程表时，要熟知在积层施工时的环境温度下树脂的活化期，以及在实际生产时形成玻璃钢的玻璃纤维积层的固化的进行过程。积层施工工程表见表 5.6。

表 5.6　积层施工工程表（以某小型玻璃钢渔船为例）

施工顺序	工程时间/天	时间/h（开始～结束）	施工内容		施工人员配置（每舷人数×2）	备注
—	1	8～12 13～16	准备模具	模具表面清理 蜡 1 遍	2 3×2	新模具应在此之前预先涂敷蜡两遍
—	2	8～12 15～17	研磨涂积脱模剂	蜡 1 遍 （聚乙烯醇）	3×2 3×2	—
1 2	3	8～10 13～16	涂敷胶衣树脂 积层（装裱）	*M*	3 5×2	供试板的积层应同时施工
3～10 11～12	4	8～14 14～16	积层（第 1 次） 积层（舷侧厚板）	*M+R+M* *M+R*	5×2 5×2	应注意积层间隔时间
13～20 21～33	5	8～14 14～17	积层（第 2 次） 积层（龙骨）	*M+R+M* *M+R*	5×2 5×2	—
24～33 34～37	6	8～14 14～17	船底纵材安装 船侧纵材安装	*M*，*M+R* *M*，*M+R*	5 5	—
38	7	8～15	积层（第 3 次）	*M*	5×2	—

注：*M* 为方格布（下同）；*R* 为短切毡（下同）

根据积层施工工程表所制定的工程时间要求，结合工厂实际工期和场地、工人的资源配置要求合理安排施工计划。下面继续以该小型玻璃钢渔船为例，制定积层日程表，确定具体的时间与施工安排，见表 5.7。

表 5.7　积层日程表

作业安排	4 月										5 月				
	㉑	㉒	23	24	25	26	27	㉘	㉙	30	1	2	3	4	⑤
模具准备	√														
打磨	√														
涂刷脱模剂	√														
涂刷胶衣树脂		√													
装裱积层		√													
第 1 积层			√												
舷侧厚板积层			√												
第 2 积层				√											
龙骨部位积层				√											
船底纵材安装					√										
船侧纵材安装					√										

续表

作业安排	4月										5月				
	㉑	㉒	23	24	25	26	27	㉘	㉙	30	1	2	3	4	⑤
第 3 积层						√									
舱壁、间壁板根部积层							√								
舱壁、间壁板安装								√	√	√					
加强肋骨、扶强材安装											√				
部分积层												√	√		
脱模														√	

注：○表示周末，不休息

另外，当一条渔船的积层施工工程表制定完成之后，还需要核算所设计的玻璃钢渔船所需要的材料数量，以便进一步细化工程管理，某船积层所需材料见表 5.8。

表 5.8　积层材料表

材料或设备（单件）		图号或型号	数量	单位	备注
艇壳板成型	树脂	灰色胶衣	165.0	kg	
	树脂	S-688	71.5	kg	
	树脂（真空导入）	8060-B	517.0	kg	
	表面毡	M50	3.9	kg	
	增强毡	M300	71.5	kg	
	多轴向布	R600±450（613g/m^2）	80.9	kg	
	多轴向布	R600±900（641g/m^2）	62.2	kg	
	复合布	R600/M300	116.6	kg	
	强芯毡	TM1002×δ2	3.0	kg	
	槽孔板	厚度 12mm	55.0	m^2	
	护舷木	30m×60m×33m	39.6	kg	
	无碱布	R400（舷包）	14.3	kg	
	树脂	189#（舷包）	21.5	kg	
肋骨	无碱布	R400	25.3	kg	
	单向布	R400	6.6	kg	
	单向布	R600	282.7	kg	
	泡沫板	80mm×500mm×1000mm	57.2	张	
	189#树脂	—	471.9	kg	

在具体进行施工时，积层材料表编制完成之后，还需要编制详细的积层材料明细表，以便在船体制造过程中掌握每一积层结构的玻璃纤维与树脂的使用情况。积层材料明细表见表 5.9。

表 5.9　积层材料明细表

工程	玻璃纤维重量/kg	树脂重量/kg
第 1 积层	241.6	445.3
第 2 积层	240.0	442.5
第 3 积层	235.4	434.0
部分积层（甲板边、舭部材、扶强材）	90.9	178.5
部分积层（尾鳍补强）	25.2	46.8
舱口围板	18.7	34.5
船侧纵材及地板承材	62.4	122.8
天棚承材及船侧补强材	47.0	92.3
防水积层（中央，第 1、第 2 纵材隔壁部位）	11.9	27.7
中央及第 2 船底纵材	139.2	261.5
第 1 船底纵材	100.9	189.4
船底部补强（艉轴管安装部位）	17.6	40.7
艉框架	9.9	19.6
扶强材（舱壁及房间隔壁板）	38.1	74.6
舱壁及房间隔壁板	56.7	112.5
小计	1335.2	2522.6
合计	3857.8	

积层材料施工和材料的使用受环境影响较大，在制定积层材料表和明细表时应注意，施工工程表由于积层施工场地和积层时的条件等的不同而有很大改变。

编制施工工程表要考虑到质量管理和施工管理的问题，要把高质量作为目标进行管理施工，编制和安排工程进度要与施工实际相符合。同时，要按施工工程表指示进行施工。

5.5.3　质量管理

质量管理要贯穿到各道工序、各种施工和各种材料使用等一切环节，而且特别要细心注意设计图上未能指示的内容。

玻璃钢渔船船体上很多结构的积层施工质量是施工后无法检查或者难以检查的。因而，施工者应把质量管理作为自己的责任，在施工的各个环节上进行质量管理。

质量管理需要注意的事项有以下几部分。

1. 促进剂、固化剂的比例

往树脂中调配促进剂、固化剂要按照规定的比例进行。

一般使用预促树脂，树脂溶液为 100 份时，需要添加 0.5～2.0 份的固化剂。但根据温度和活化期的不同其配比也不同。调配量要根据树脂规定的指示进行。否则，将会出现适用期不适宜、不能充分脱泡和树脂流挂堆积等问题。最好在积层前进行试验确认。

2. 适宜的树脂量

玻璃纤维基材涂刷的树脂量要适当，如果涂刷过量的树脂，会使树脂堆积、玻璃纤维含量降低，造成玻璃钢有缺陷；如果树脂不足，浸润不充分，玻璃纤维基材会露白。

3. 确定接头的搭接量

为保证玻璃纤维基材的接头位置适当，要考虑裁剪尺寸，根据指示确定接头的搭接量。

4. 浸润、脱泡

树脂要充分浸润到玻璃纤维基材中并要充分脱泡。但若树脂的黏度较低，虽易于施工，即易于浸润脱泡，但会产生缺陷，造成树脂的胶接弧度不够或玻璃纤维布的树脂不足。另外，浸润脱泡不充分时，气泡不是大就是多，使产品成为次品。

5. 玻璃纤维含量

要达到预定的适量的玻璃纤维含量。若玻璃纤维含量高，从表面上看拉伸强度高了，但是破坏了玻璃钢材料整体的均衡性。另外，玻璃纤维含量高时，厚度就得减薄些。如果与预定的厚度不一致，则强度计算的剖面惯性矩（I）的值会变小。这个也要考虑。

特殊基准所示的标准含量值，玻璃纤维毡为30%，玻璃纤维布为50%，因此，可以通过调节二者的比例来改变玻璃钢的结构。

6. 积层施工的时间间隔

各层的积层时间和各层间的时间间隔如何，对玻璃钢渔船的强度，特别是弯曲疲劳强度有很大影响。每一张玻璃纤维基材的积层施工依据不同树脂的特性、玻璃纤维基材的种类和体积大小，其时间间隔有所不同。

层与层的时间间隔可分为以下三种。

（1）湿对湿（wet on wet，WOW）。在开始凝胶化之前敷设下一层。

（2）湿对潮（wet on gentle，WOG）。在玻璃钢尚未固化呈潮湿状态时敷设下一层，常用的树脂是凝胶化后24h以内的状态，根据实际情况，有的为12h以内。

（3）湿对干（wet on dry，WOD）。这个称为二次积层，是在已经硬化的玻璃钢积层表面上积层。这种方式原则上不用于建造时的外板积层，只是在修理时不得已采用。

对于上述不同积层状态的强度，采用静态试验不能作出评价，需要用冲击剥离试验或弯曲疲劳试验方法进行评价。下面按顺序排列出从冲击剥离试验结果推出的强度，以“+”符号的界面冲击剥离强度值表示，见表5.10。

表5.10　不同积层界面冲击强度值

连接界面类型	冲击强度值/%
M+R（WOW）	100
R+M（WOW）	83
M+M（WOG）	82
R+M（WOW）	78
M+R（WOG）	75
R+M（WOD）	72

另外，积层施工的时间间隔对强度的影响极大。如果采用 WOD 方式，则强度将下降更多。

7. 误差

建造玻璃钢渔船的树脂在各种条件下有很大的差异，还有人力施工中造成的差异以及各种积层工艺条件引起的差异等，容易导致较大误差。单纯以温度条件比较，20℃时的误差很小，显示出稳定的状态。这说明不论使用那一种树脂，都要在适当的温度条件下施工。

8. 胶接力

玻璃纤维基材和树脂是借助胶接力互相接合在一起的，积层施工就是发挥胶接力的施工，从而决定质量的好坏。要按计划执行层和层之间的湿对湿或湿对潮的施工顺序，也就是说，要采用能达到最好胶接性的施工方法。

第 6 章　玻璃钢渔船船体构件的接头及组装

玻璃钢渔船船体结构要求具有较高的强度、刚度和可靠性，特别是大、中型玻璃钢渔船，船体结构的强度尤其需要重视。

玻璃钢渔船在建造的过程中一般可以按照船体、甲板、上层建筑和舱壁等结构分别进行制作。船体构件制作完成之后可采用现场糊制、胶接或螺栓连接等方法进行组装。另外，船体内部要布置骨架结构，玻璃钢渔船船体的骨架制造、骨架相交处的节点以及骨架与外板的胶接相对于船体外板的制作工艺更加复杂。船体结构之间进行连接时，就需要用到各种接头。

6.1　接 头 形 式

玻璃钢渔船船体结构在进行连接时，难以保证结构连接处的强度与结构本身一致。因此，结构中接头应尽可能少，并且避免布置在最大弯矩、最大剪力及最大振动作用区。

玻璃钢渔船船体构件组装所使用的接头分为黏接接头及固定接头两种。黏接接头是在已经固化的玻璃钢上用聚酯树脂与玻璃纤维毡进行二次胶接，也可以用环氧树脂等进行单独胶接。固定接头是指用于固定船体结构和构件的紧固件，一般有螺栓、铆钉、木螺钉等。

6.1.1　黏接接头

1. 黏接接头分类

黏接接头可分为对接接头、搭接接头、嵌接接头、T 型接头、L 型接头等。

1）对接接头

对接接头应采用多层铺敷工艺胶接。对接接头分为双面对接接头和单面对接接头，如图 6.1 和图 6.2 所示。接头在采用与层板相同的原材料连接时，连接用增强纤维的总层数应不少于被连接层板增强纤维的总层数，要两面包敷与母材同等的玻璃纤维基材，包敷的宽度应为接板厚度的 16 倍以上，并且要在 50mm 以上。对于层板边缘不倒角的对接接头，铺层总厚度应不小于原层板的总厚度，如图 6.3 所示。

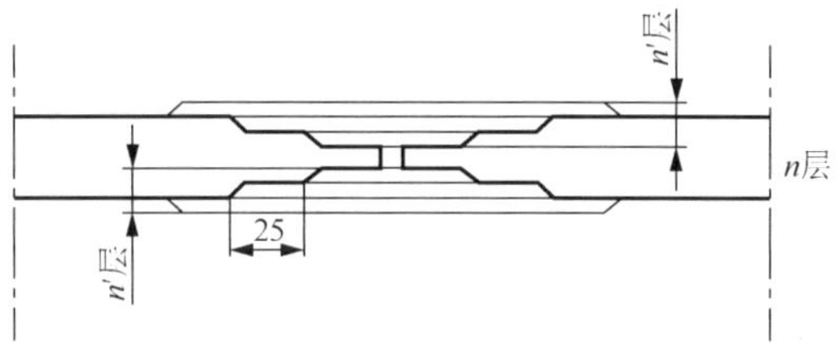

图 6.1　双面对接接头

图中数据单位为 mm，下同

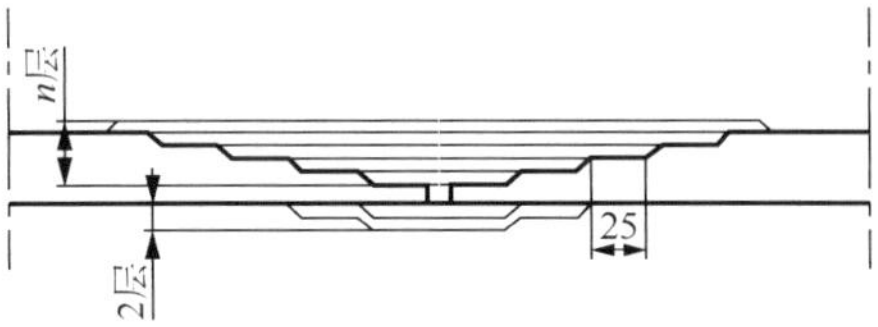

图 6.2　单面对接接头

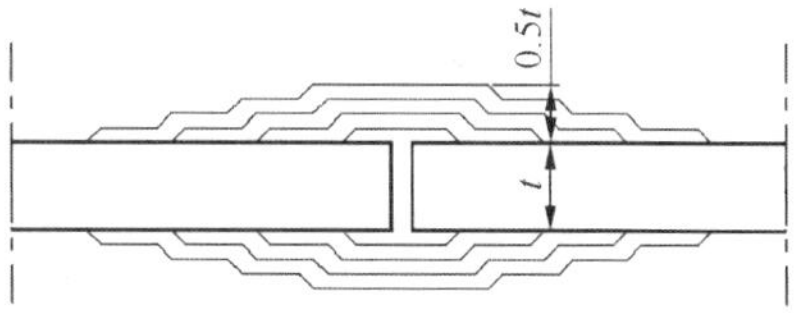

图 6.3　对接接头的厚度

如 n 为偶数，则 $n' = n/2 + 1$ 层；如 n 为奇数，则 $n' = (n+1)/2$ 层。

2）搭接接头

搭接接头如图 6.4 所示。板与板之间要用浸润树脂的玻璃纤维毡胶接并压紧，再次进行包敷。包敷的宽度应为搭接板板厚的 16 倍以上（并且要在 50mm 以上）。

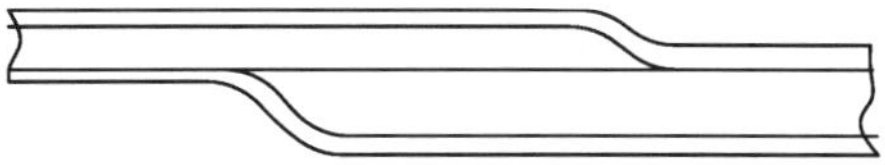

图 6.4　搭接接头

3）嵌接接头

玻璃钢板嵌接接头的接头面要预先加工成如图 6.5 所示的斜面，再进行包敷积层。如果斜面的斜度为 1/16 以上，背面也要进行积层包敷。

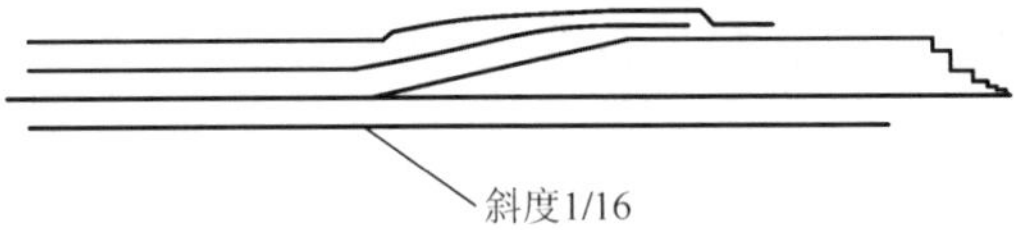

图 6.5　嵌接接头

4）T 型接头

玻璃钢板材之间相互垂直，或者近似垂直地连接，称为 T 型接头，也称为角隅接头。用带状玻璃纤维成折角包敷积层，如图 6.6 所示。玻璃钢船体的桁、肋骨等结构多采用这种接头。

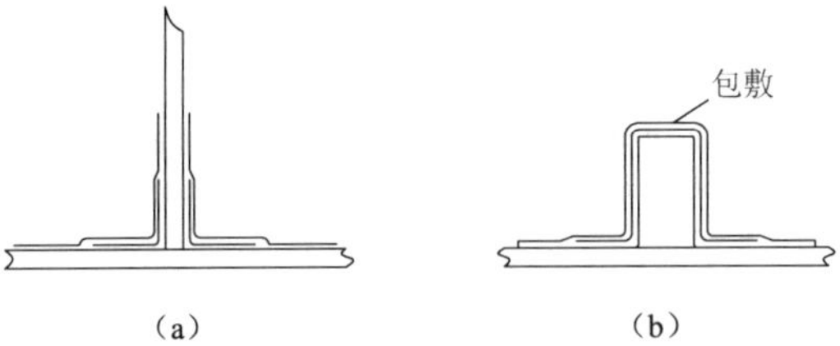

图 6.6　T 型接头

5）L 型接头

L 型接头是指玻璃钢板呈直角连接，如图 6.7 所示，一般用在容器、箱、仓盖的角隅部位。

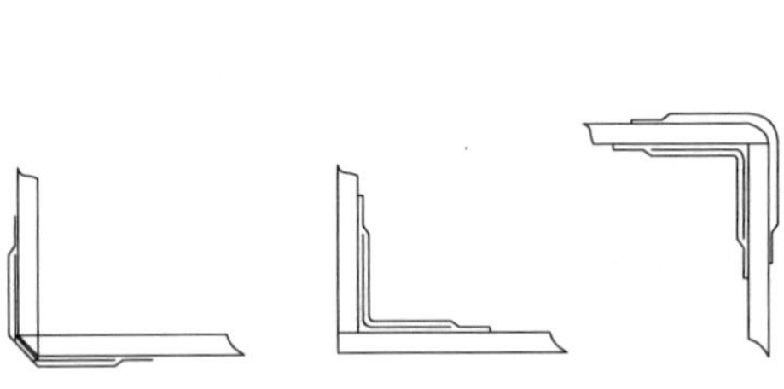

图 6.7　L 型接头

二次黏接接头的类型很多，无论哪一种类型，已经固化的黏接面中间必须铺玻璃纤维毡进行二次胶接。

2. 黏接接头注意事项

玻璃钢板的黏接采用黏结剂（例如聚酯树脂），但是，黏接力仅是其抗拉强度的 1/10，因此必须增大黏接面积，如图 6.8 所示。

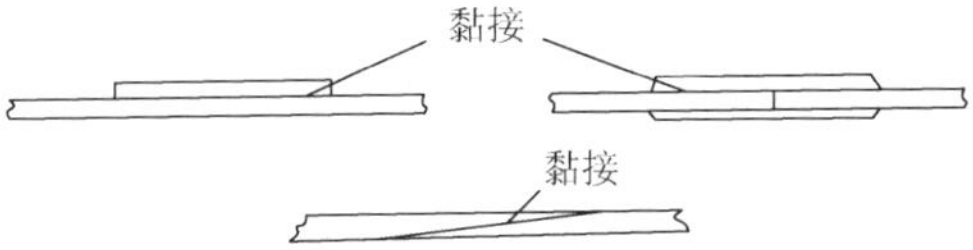

图 6.8　增大黏接面积

6.1.2　固定接头

玻璃钢渔船船体结构的固定接头主要用在主甲板、舱室结构与舾装件的安装上。因作为母材的玻璃钢的刚性相对较小，接头的负荷应分布在较大面积的座板上，因此，在安装固定接头的部位应当增加玻璃钢的厚度。

1. 固定接头部位的处理

固定部位要清扫干净，螺栓孔的位置要准确。对于积层板的断面及螺栓孔，为防止吸水与出现白化，要涂刷树脂。积层板之间的固定以及金属座板安装，均要采用浸润树脂的玻璃纤维毡胶接，在需要防水的部位固定后，螺栓头及螺母要进行包敷。

纵桁材及夹层结构船壳板等处，在固定的时候，因有螺栓的挤压力，为了保护内部有芯材的积层板不致损坏，内部的芯材要选用坚硬的木材。用于固定的螺栓、铆钉等最好采用不锈钢、钢制镀锌等材料。直接接触海水、船底污水的部位，应当进行防腐涂装以防止生锈。在施工中也应使用高性能的树脂。

固定用的螺栓孔如果靠近玻璃钢板的末端，则开孔的中心与玻璃钢板的末端距离应为螺栓孔直径的 3 倍以上，见图 6.9，且相邻螺栓的中心距离也应满足同样的要求，见图 6.10，T 型接头如果也采用螺栓连接，则螺栓孔距离 T 型板的距离也应满足螺栓孔径 3 倍以上的要求，见图 6.11。

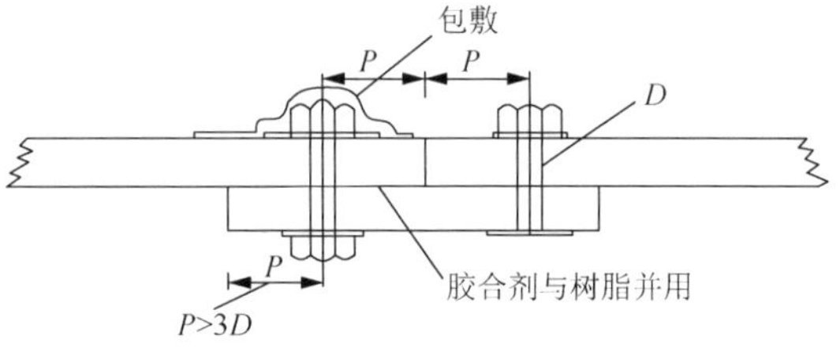

图 6.9　单面连接板

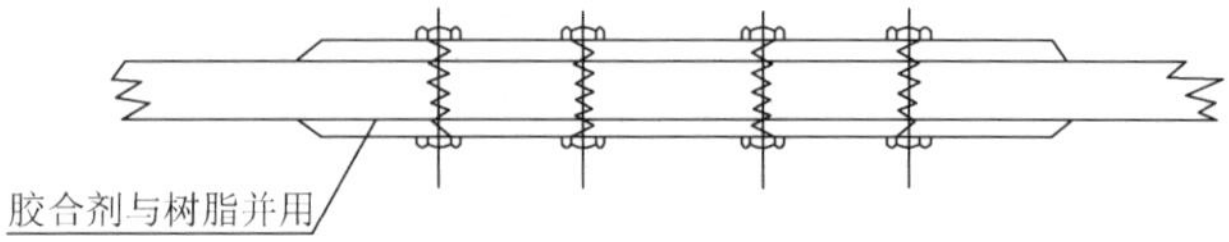

图 6.10　双面连接板

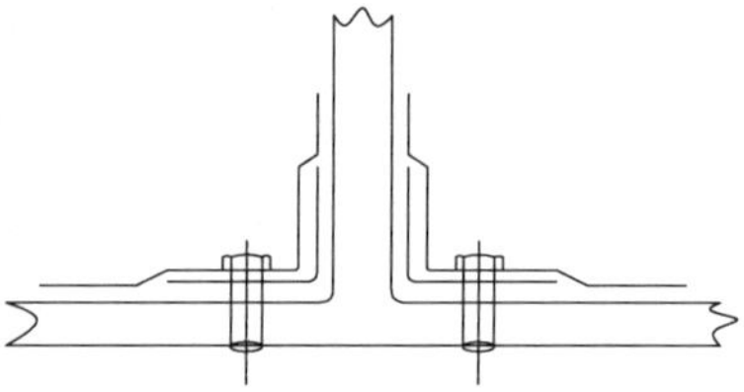

图 6.11　T 型连接

2. 螺栓固定接头

用螺栓固定时，所用螺栓的直径必须超过积层板的厚度。如玻璃钢板面采用木螺钉，其直径应为螺栓直径的 2.25 倍以上。

螺栓孔的直径一般取螺栓直径的 1.05 倍为宜，不能强行拧入。在玻璃钢板钻孔后，周边要包敷树脂，然后再插入螺栓。特别是水密部分，还要有效地涂抹水密剂。这一点应特别注意，实践证明，如果螺栓孔处施工不当，渔船长期在海上作业后容易发生漏水问题，造成玻璃钢渔船船体渗水，并且会给维修带来极大的困难，见图 6.12。

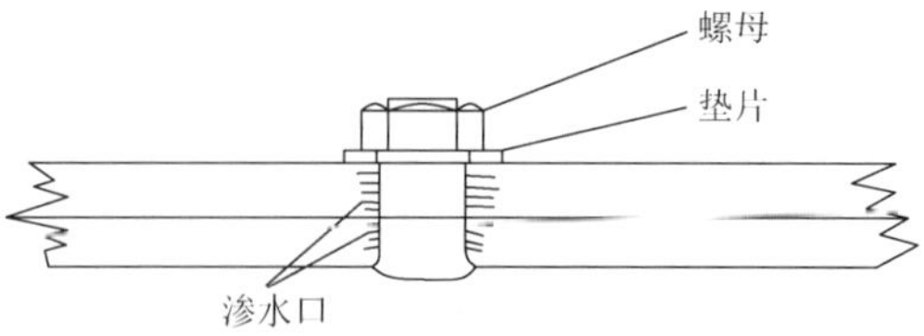

图 6.12　螺栓固定接头

3. 铆钉固定接头

铆钉固定有打击式、拉伸式两种方法。打击式是用电动或风动铆钉锤打扁铆钉头，将铆钉钉入玻璃钢母板，在进行固定的同时也会对母板造成冲击，易使母材发生剥离，因此钉入式方法采用较少。目前常用的方法是用铆钉枪拉伸空心铆钉，从而形成铆钉头固定母材，见图 6.13。

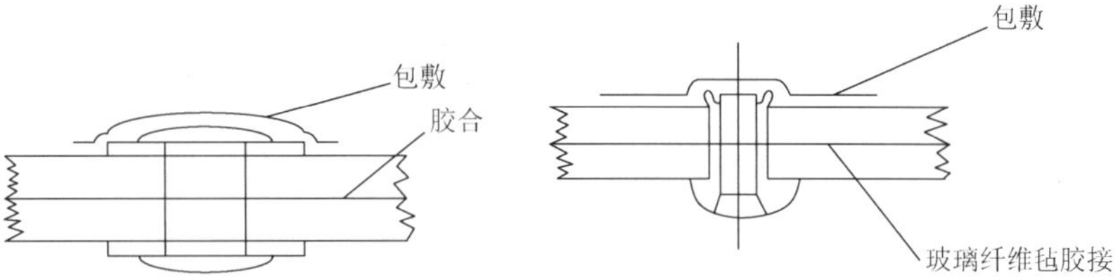

图 6.13　铆钉固定

4. 接头固定流程

玻璃钢渔船船体结构在进行具体的固定施工时，应遵守施工流程，具体流程如下。

（1）固定接头周边应打磨及清扫干净，以保证固定面能够紧密贴合。

（2）在将要设置螺栓孔的部位进行正确标记，标记螺栓孔的直径和中心位置。

（3）进行开孔作业，避免开孔周围造成偏心、白化等缺陷，也要避免造成玻璃钢积层的剥离。

（4）在开孔的周边涂敷树脂，防止造成积层结构的吸水、剥离和挂流。

（5）定位好之后，安装螺栓、铆钉，并进行紧固，对连接板的部位进行胶接，胶接可以使用树脂、玻璃纤维毡、黏结剂等。

（6）对螺栓头、螺母等裸露部位使用玻璃钢进行包敷，保证其水密性，并防止因振动引起的渗水。

6.2 船体结构构件的组装

6.2.1 船体结构构件的组装工序

玻璃钢渔船船体结构构件的组装应结合船体的建造来进行，在船体外壳施工完成之后再进行船体结构构件的组装，组装工序流程图如图 6.14 所示。

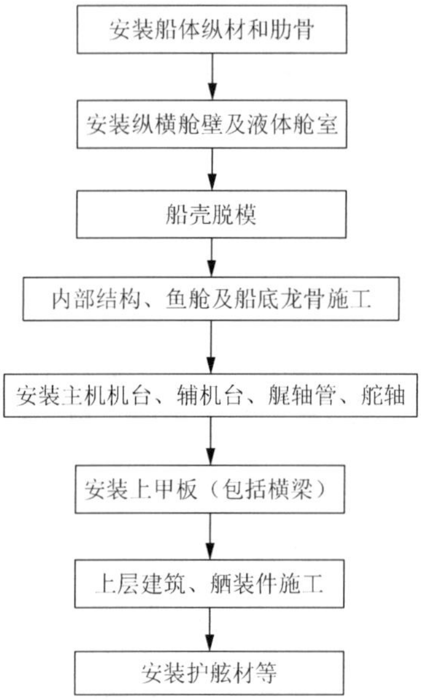

图 6.14　船体结构构件的组装工序流程图

6.2.2 构件的胶接

玻璃钢渔船在船壳板积层完成后，对构件采用湿对湿方法进行一次胶接，胶接力最佳。但是因为构件太多，并且在施工上存在困难，大部分是采用湿对干的二次胶接方式。

在构件二次胶接时，胶接面的灰尘和油脂要清除干净，然后用砂轮打磨，让玻璃纤维裸露出来，要将玻璃钢表面的凸凹不平处处埋好。二次胶接处的积层材第一层应是玻璃纤维毡，胶接时最后一层也要用玻璃纤维毡。具体的二次胶接一般按下面程序依次施工，具体流程见图 6.15。

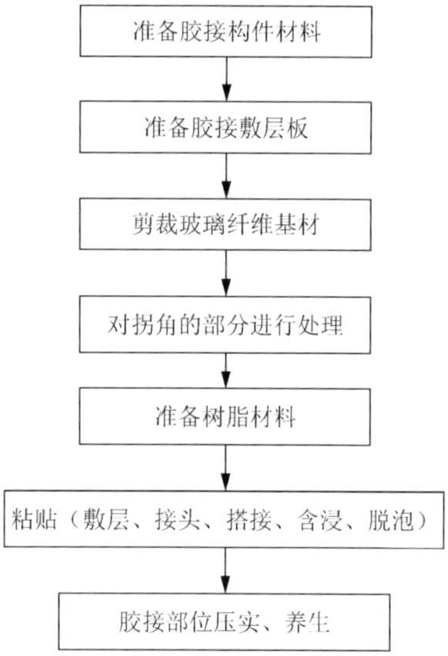

图 6.15　构件二次胶接流程图

第 7 章　玻璃钢渔船船体结构的安装

7.1　纵材、肋板和肋骨的安装

7.1.1　纵横骨架安装要点

玻璃钢渔船外板的积层施工还应包括主要的纵材（如方龙骨）的施工，一般在外板积层时同时成型，见图 7.1。其他纵材（如中内龙骨、旁内龙骨、船底纵桁、舷侧纵桁）、肋板、加强肋骨、肋骨和主要舱壁的组装应为二次胶接。

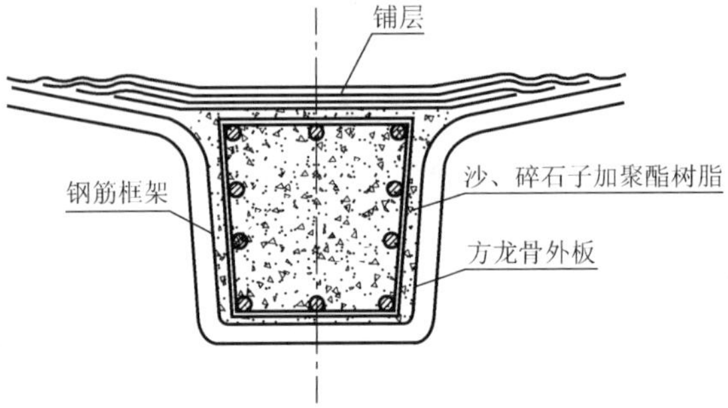

图 7.1　方龙骨的施工

在安装纵材时，要留有污水口。通常把割开一半的维尼纶管放在指定位置，涂上速干胶接剂。纵材的断面要进行二次包敷，流水口要圆滑以保证畅通。在纵材贯通水壁、液舱时，芯材的防水施工尤为重要。一旦水从纵材芯材某处断面进入导致纵材其他部位进水，将使渔船产生安全隐患。为消除安全隐患，应将泡沫塑料芯材呈斜面切断，然后包敷玻璃纤维毡，见图 7.2。

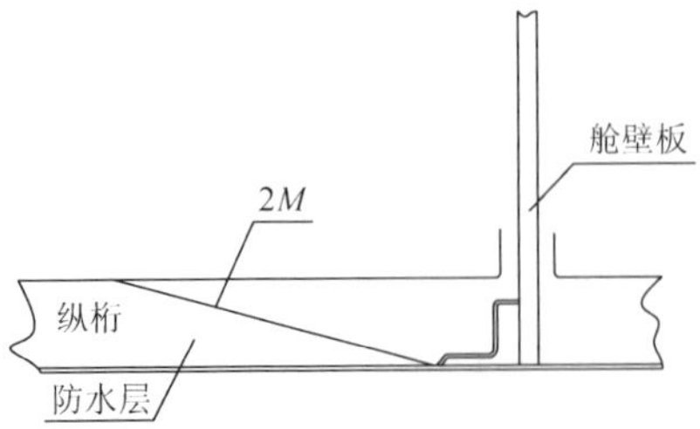

图 7.2　芯材的防水施工

玻璃钢渔船常见的骨架形式有纵骨架式和横骨架式，纵材的组装方法要根据船体的结构形式来选择。

1. 纵骨架式结构

采用纵骨架式结构时，船体内的所有纵材应当保持连续，主要纵向骨材中间不能出现不连续的部位，见图 7.3。在对纵材与肋骨、肋板、舱壁等交叉处进行施工时，应当把纵材先固定好再装横向构件。

图 7.3　纵骨架式结构

使用泡沫塑料做芯材时，在舱壁、舱柜壁附近要设水密层，用木材做芯材时，要将木材的接头嵌接起来以保持连续性。

2. 横骨架式结构

横骨架式结构多在中、小型渔船上采用。采用横骨架式结构时，一般在机舱前后也需要设置加强的纵向构件，并在其上装肋板。当船舶设置横骨架式结构时，也应使纵向构件保持连续。

7.1.2　帽型结构的成型

纵材、肋骨的截面形状一般为帽型结构。帽型剖面工艺性好，在横弯曲和轴向压缩时也能保持较高的稳定性，实践已证明其性能优良。目前，国内外玻璃钢造船业中，带泡沫塑料的矩形和梯形型材是各种类型大、中型船舶骨架的基本型材。帽型构件的强度主要由帽型材的顶部承受，因此，在顶部施工时，应格外注意。在顶部积层时，一般情况下，敷设整张玻璃纤维基材容易发生回弹现象，在脱泡时也容易造成基材起皱而不能充分黏接。为避免出现这种情况，一般用两张玻璃纤维基材进行搭接，见图 7.4。

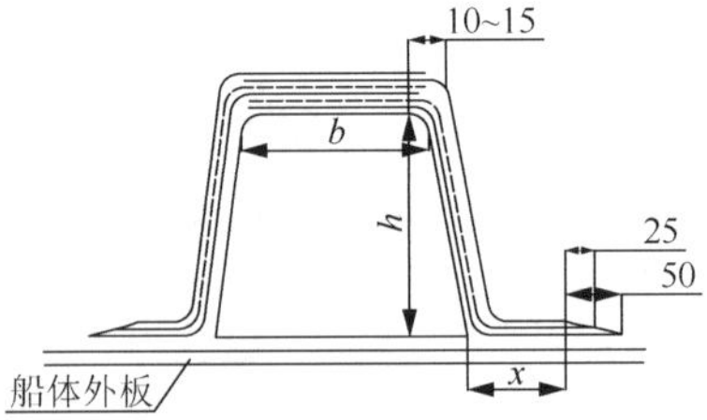

图 7.4　帽型的成型

--- 短切毡 x=0.2h，且≥50； — 方格布

帽型顶部采用两张玻璃纤维的搭接方式，起到了结构加强的作用。有的船厂在这个部位再加上扶强的玻璃纤维方格布或单向布。玻璃纤维布的尺寸如图 7.4 所示，顶部要保持芯材的宽度一致，底脚部为芯材高的 20%，但最小为 50mm。玻璃纤维毡的尺寸在顶部要比玻璃纤维布长 10～15mm，在底部要长 25mm 和 50mm。

对于各种类型玻璃钢渔船内强力构件，即强肋骨、旁内龙骨、纵桁等，可采用 T 型剖面。虽然工作量大，但材料在剖面上的分布比较合理，构件能够通过连接角材从两方面与外板可靠连接。

此外，也可以采用 L 型材，这种型材工艺性比帽型好，可预先制好然后用角材连接到外板上。但是，L 型材只能在小型船上承载载荷较小的板架上应用，这是因为不对称剖面在弯曲时容易发生扭曲并易丧失稳定性。

7.1.3　交叉部位的成型

因为纵材和肋骨交叉部位是三维的，所以玻璃纤维的布置和胶接都很困难。特别是当纵材和肋骨的高度不同时，布置玻璃纤维尤为困难。如果产生空隙或凹坑会导致破损，需要特别注意。通常在交叉部位的角隅处抹上树脂腻子使之成为圆角，以避免上述缺陷产生。为了保持纵向构件的连续性，一般都先糊制纵向构件，然后再糊制横向构件。

1. 纵材在贯穿加强肋骨处的处理

纵材在贯穿加强肋骨处的处理宜先进行止水积层，见图 7.5，将贯穿口的纵材芯材切去一段，在切口处用方格布积层形成止水层后，再嵌回切断部分的芯材，使之连续再予以整体积层，注意顶角及跟部易产生气泡。

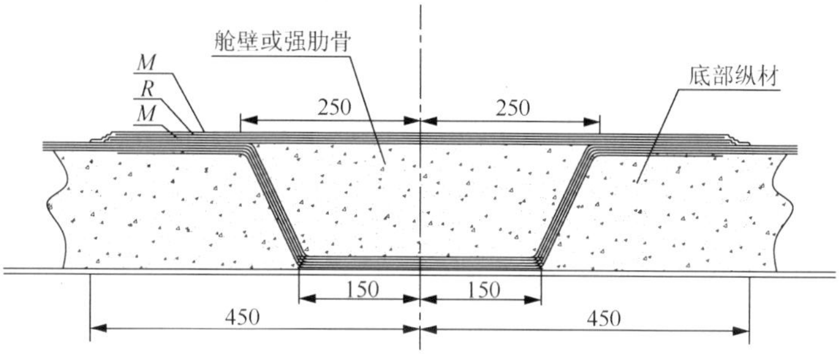

图 7.5　止水积层

2. 贯穿口堵塞积层

纵材连续积层完成后，嵌入加强肋骨，贯穿口位置用剪裁好的玻璃纤维材料进行堵塞积层，见图 7.6，具体的船体纵横骨材的施工堵塞积层方法见图 7.7。

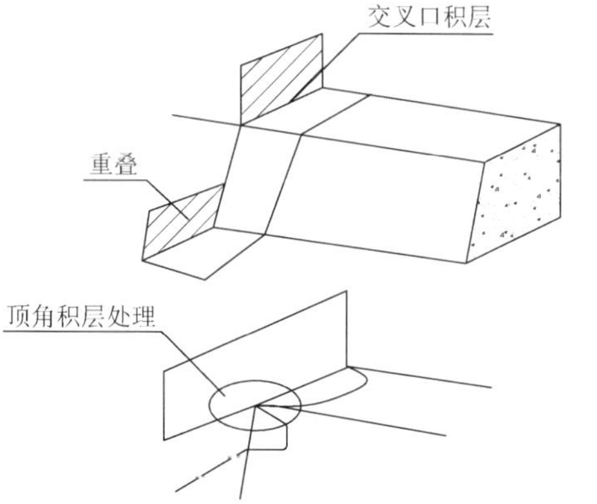

图 7.6　堵塞积层的裁剪处理

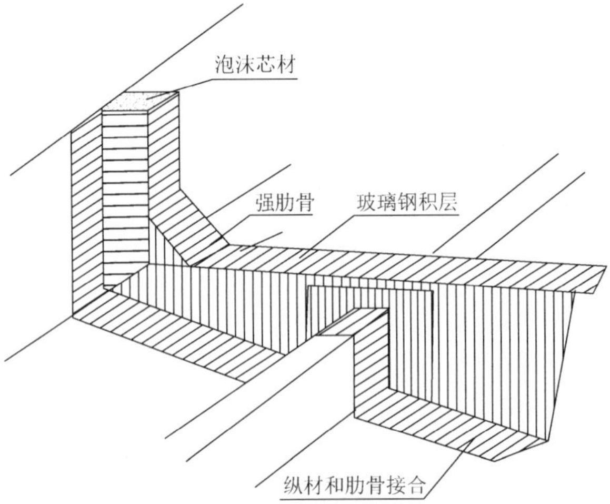

图 7.7　纵横骨材堵塞积层

3. 切角端积层

骨材的末端要制作成切角端，切角长度为骨材高度的 1.5 倍以上，切角端用方格布，不用短切毡，见图 7.8。

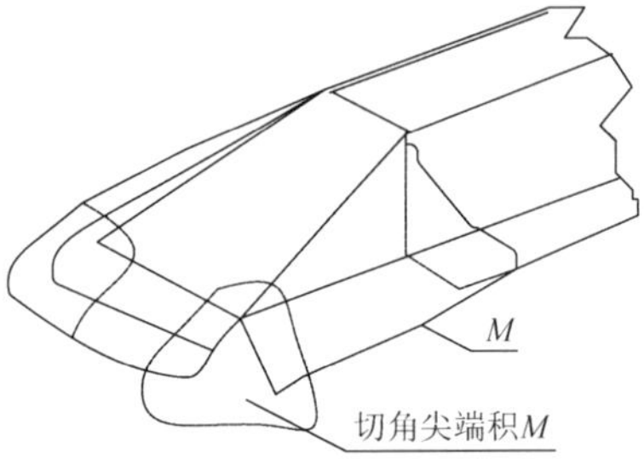

图 7.8　切角端积层

4. 纵材和肋骨安装工序

（1）先用墨线正确标示构件位置，再用打磨机将安装部位打毛，使纤维裸露，并整平凹凸等。

（2）用树脂腻子将芯材固定在安装位置上，角隅处用树脂腻子抹成圆角。

（3）内部构件的积层通常为二次胶接，应比照二次胶接工艺施工，玻璃纤维布与黏接面铺敷，因应用玻璃纤维短切毡黏接性能好，最外面一层仍以玻璃纤维短切毡覆盖。

（4）角隅处常会积留多余树脂，铺敷玻璃纤维布时，要尽量少用树脂，使角隅多余树脂能往上渗入玻璃纤维布中，以减少角隅处多余的树脂。

（5）角隅处容易产生气泡，积层面会凸起，应该特别注意。

7.2　舱壁的结构安装

玻璃钢渔船舱壁结构形式有单板加筋结构和夹层结构两种形式。

单板加筋结构一般设有垂直与水平扶强材，形成方格式结构。扶强材通常为带有硬质泡沫塑料芯材的帽型结构。安装有电器与其他设备的扶强材，其芯材应为木质。

夹层结构有蜂窝夹层结构与硬度泡沫塑料夹层结构。一般应用在渔政船、渔业执法艇、休闲钓鱼船等上。

7.2.1　舱壁安装要点

1. 舱壁与外板的连接

对于小型渔船，舱壁不可与船体外板直接连接。舱壁与外板以硬质泡沫塑料为垫材，结合处的施工工艺应与 T 型接头施工工艺相同，见图 7.9。当纵材贯穿舱壁时，施工工艺应参照纵横骨材交叉处施工。

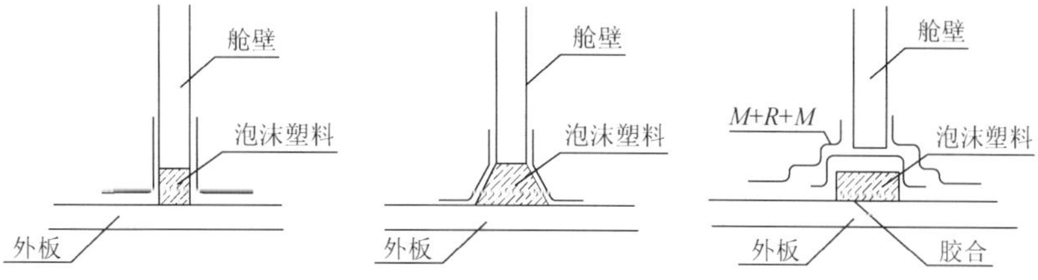

图 7.9　舱壁的安装

2. 交叉部位的成型

对于纵横材相交的结构，在施工时可以采用预先在舱壁上割孔窝入纵材的方法，也可将舱壁直接摆放在纵材上面进行施工，见图 7.10。

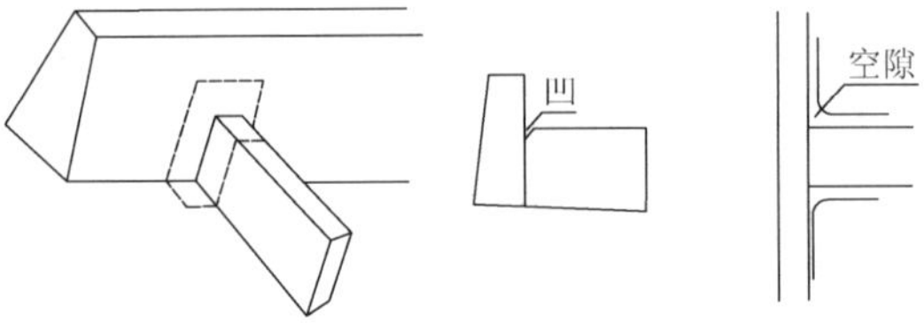

图 7.10 交叉部位的成型

采用割孔窝入纵材的方法时，在窝入部位有间隙，所以，将舱壁窝入纵材之后应将间隙堵塞再积层。舱壁直接摆放在纵材上面进行施工时，要在纵材之间装上硬质泡沫塑料并积层，待舱壁放上后再次积层。

7.2.2 舱壁结构的施工方法

1. 缓冲材的装入方法

舱壁和外板之间可装入各种缓冲材。通过多次试验，结果表明采用厚度 10～20mm、宽度为 50～70mm 的平坦的缓冲材较为有效，可以避免应力集中。使用腻子和玻璃钢增厚比直接组装效果好，但装缓冲材效果更好。缓冲材通常采用泡沫塑料毛毡。

2. 船侧的水密施工

当渔船采用横骨架结构时，因为是先将船底纵桁装上去再装舱壁，然后装舷侧纵桁，所以水密施工比较容易处理。

采用纵骨架结构时，可将舱壁减少一个船侧纵桁材高度尺寸安装，然后将空间堵塞或增加船底纵桁间隙。此时，为了保证船侧水密施工，需要装入缓冲材再次积层。

3. 舱壁的组装

较大型渔船因船体刚度关系，纵材较多，为方便施工并确保水密，舱壁多设在肋板、加强肋骨上。作用在舱壁上的力通过加强肋骨，传递到船壳板上，起到了缓冲作用，同时加强肋骨也承担了一部分受力，见图 7.11～图 7.13。

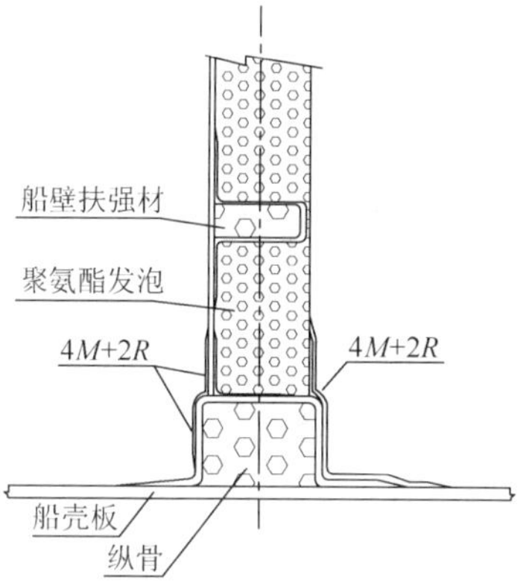

图 7.11　水密舱壁与船体连接

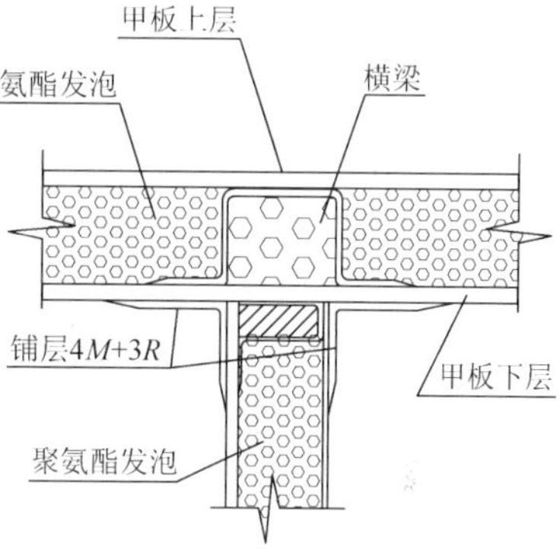

图 7.12　舱壁与甲板连接

图 7.13　玻璃钢渔船上的横舱壁

7.3　甲板的制作与安装

玻璃钢渔船的甲板也分为单板加筋结构和夹层结构两种。小型船多采用单板加筋结构，甲板同外板用胶接或螺栓固定后，用玻璃钢积层固定再安装护舷材并保持水密。大型船的甲板一般采用阴模制作夹层结构，作为单独积层的构件装到外板上，并用硬质泡沫塑料、蜂窝板、巴沙木等作芯材。还可以将房间、舱口围板等都组装到甲板上成为一个单元，然后再组装到船体外板上，见图 7.14。

图 7.14　带甲板室的主甲板准备吊装上船

1. 大型玻璃钢渔船夹层结构甲板制作及安装

大型玻璃钢渔船的甲板推荐采用夹层结构，并且甲板与船壳连接时采用二次胶接。具体施工时应该注意以下内容。

（1）在甲板模具上糊制玻璃钢层板作为甲板下表层。注意模具梁拱应朝上。

（2）在甲板下表面上安装等高的纵材、横梁硬度泡沫塑料芯材，包敷玻璃钢。在甲板四周留出 500mm，不要安装芯材，以备甲板以单板形式与舷侧连接。

（3）在纵横骨架形成的方格空间喷涂聚氨酯泡沫，固化后用刀或锯将泡沫削平，并与骨架齐平，见图 7.15。

图 7.15　大型船夹层结构甲板（甲板纵材、横梁形成的方格）

（4）经过 48h，巴柯尔硬度达到 40 后，甲板脱模。

（5）吊装上船，安装在舷侧承梁材上，见图 7.16。

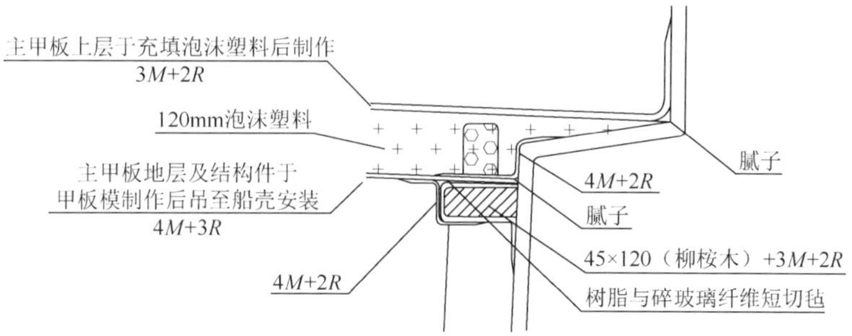

图 7.16　主甲板与船壳板连接

2. 在露天甲板上安装木甲板

由于渔船的露天甲板经常装卸分理渔获物，有的渔船在玻璃钢甲板上面安装木甲板加以保护，选用的木材最好是柳桉木，其次是樟子松、落叶松等。安装时在露天甲板预先安装木方，木方下面用树脂腻子与甲板压实，然后用玻璃纤维毡、布条按一定间隔糊制固定。再将宽 120～150mm、厚 40～50mm 的木板用螺栓固定在木方上，螺栓处预先钻凹圆孔，然后用圆木塞胶合填平。

由于渔船长期在海上作业，木甲板始终处于潮湿状态，鱼体接触木甲板易腐蚀滋生霉菌，因此，作业完成后，木甲板应及时进行清理。

具体施工流程如下。

（1）先包敷甲板下表层与舷侧外板、舷侧承梁材交接处，然后补糊甲板在船体四周处尚未糊制的纵材、横梁，喷涂聚氨酯泡沫，固化后修平。

（2）芯材外层涂抹黏接膏糊或密封底胶，也可用聚酯树脂加少量滑石粉调和成稀状膏糊，抹平后，在凝胶状态时在其上糊制上表层。

（3）糊制上下表层时，芯材内外层均应使用玻璃纤维短切毡，应保证树脂浸透。

7.4　双层底的组装

大型玻璃钢渔船通常有双层底结构。双层底可以作为油、水舱使用。因为双层底的上面是鱼舱，所以需要保证双层底水密、油密，并且能承受较大的载荷。

油、水舱的内底板由玻璃钢单板或夹层结构做成。双层底的油、水舱与舷侧和艏艉部的油、水舱在结构上有所不同。双层底结构必须能够承载一定的压力，其结构至少要承受住高出油、水舱内底板 2.5m 的水位的水压试验。油、水舱内部的肋骨和纵材结构要求简单，能使残留的液体比较容易集中于溢流口处，同时也比较容易清理。

1. 双层底结构的施工

（1）玻璃钢渔船双层底高度一般在 1m 以下，装上内底板后，使用的树脂会产生苯乙烯气体，施工人员在双层底内部施工劳动条件恶劣，施工质量难以保证，也容易发生各种事故。

在双层底内从事仰脸施工最困难，下侧角材接头的施工也不易进行。这种施工是在纵材和肋板围起来的肋板间隔 500mm、纵材间隔 1m 左右的狭窄处进行，双层底及液舱结构见图 7.17。

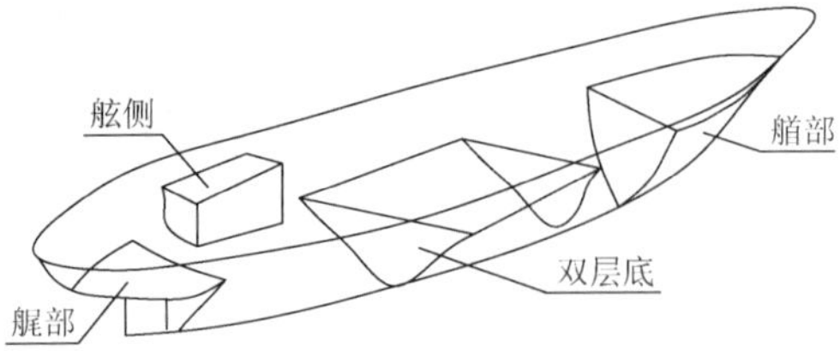

图 7.17　双层底及液舱结构

（2）角隅部的积层。双层底内有很多角隅部，因为是三个平面交点的积层，玻璃纤维不能填充进去，造成胶接不充分。这样的部位很难保证水密、油密，可在玻璃纤维毡中添加金属夹子仔细施工。

（3）不完全固化。双层底通风不好、固化慢，产生的苯乙烯气体排不出去，容易存留在双层底内。如果在未固化状态装载燃油会引起玻璃钢变质，也容易引发安全事故。

2. 双层底结构的组装方法

双层底结构的组装方法可以分为以下两种。

第一种方法：先将纵材和肋板装在船底外板上，再将内底板装在纵材和肋板的上缘折边上，在折边上积层浸润树脂的玻璃纤维毡，在内底板上部用空心铆钉铆接固定，最后在内底板上部用玻璃纤维毡敷设三层，见图 7.18。

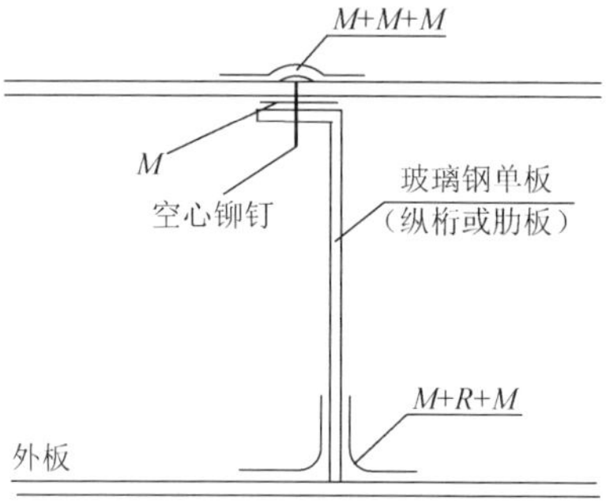

图 7.18　双层底的组装（方法一）

第二种方法：先将内底板成型，翻身后装上纵材和肋板，然后将此分段装入船底内面，最后将纵材和肋板的底脚与船底内面积层固定。此时，双层底的施工极为困难，因此，预先在内底板上多开几个人孔以方便内部施工，然后再将人孔积层堵死，见图 7.19。

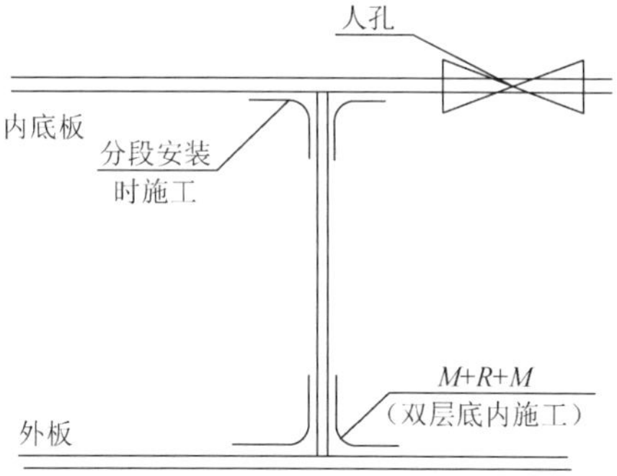

图 7.19　双层底的组装（方法二）

7.5　油水柜的制作

油水柜是玻璃钢渔船中专门用来存放油、水等液体的舱柜。油水柜制作工序如下。

（1）根据油水柜的外形在平板模上糊制一块薄玻璃钢板，待其固化后，用切割机根据图纸尺寸要求将其割成若干块（其中一块在船壳处）。

（2）将玻璃钢板放置在舱柜图纸要求的位置上，找好垂线和水平线后，将其固定，然后糊制连接角材。

（3）在玻璃钢板内侧糊制垂直和水平帽型扶强材。

（4）舱壁扶强材空档处全部由聚氨酯泡沫填充，并且修平。

（5）涂抹稀状膏糊或封闭底胶。抹平后，待凝胶状态时再糊制玻璃钢面板。

（6）油水柜较大时，可以在适当位置装上制水板代替肋板，并减小自由液面对稳性的影响。另外，为了防火，在糊制油水柜内侧面板时最好用阻燃性树脂。为了水密，舱内面铺一层薄的平纹布或缎纹布，用浓稠树脂浸润玻璃纤维毡，再涂上胶衣更好。

7.6 主机基座与齿轮箱底座的组装

玻璃钢渔船纵材式结构较多，基座也作为主要纵材来进行设计。基座的形式、尺寸根据主机、辅机等发动机的重量、转数和底脚安装的方式的不同而有各种差异。

1. 主机基座的结构

基座的结构因主机的大小、高度而有差异。小型船的高速发动机可以使用硬质泡沫塑料或木材为芯材的玻璃钢制基座。大型船的基座可以做成笋型，分成两段或三段堆积起来，上面再用玻璃钢材连接左右两个支脚。另外，还要防止倾倒。考虑到机舱底部经常积存污水，基座包敷的玻璃钢如有渗漏，内部木质芯材很容易腐蚀，所以基座底部内部芯材最好不用木材，而使用硬质泡沫塑料。

2. 帽型和笋型

用玻璃钢制作基座和扶强材时，一般采用帽型为好。制作帽型纵材和肋骨比较耗费工时，因此通常采用四方形的，但是当构件较高时，采用帽型对防止倾倒和分散应力效果更好。

主机基座与纵材也是一样，如果其高度较低时，可采用四方形结构，不过一般情况下，基座都较高，所以采用帽型更好。如果基座更高的话，可以采用笄型，用几段堆积起来。

为了保证基座的稳定，高度与宽度之间的关系可以表示为

$$高度=（2\sim2.5）\times平均宽度$$

基座高时，可用两段笄型堆积起来，见图 7.20。

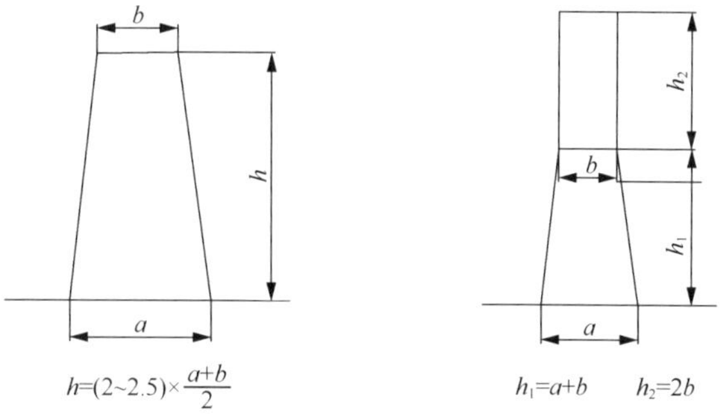

（a）帽型　　（b）笄型

图 7.20　帽型和笄型

3. 台湾最新的主机基座糊制工艺

（1）根据主机基座尺寸大小在平板模上糊制一块薄玻璃钢板。

（2）待其固化后，用切割机按图纸尺寸要求将其割成四块。

（3）在船底找到艉轴线后，将四块玻璃钢板按图纸要求做成两个框固定在机座位置，找到垂线和水平线，将基座固定。

（4）将树脂、玻璃纤维布、玻璃纤维毡等搅拌在一起，灌到基座框中。

（5）在主机基座底部螺栓孔位置，用泡沫塑料填充。

（6）全部填满后，再包敷玻璃钢，固定后磨平。

齿轮箱底座结构形式与主机基座相同，见图 7.21。

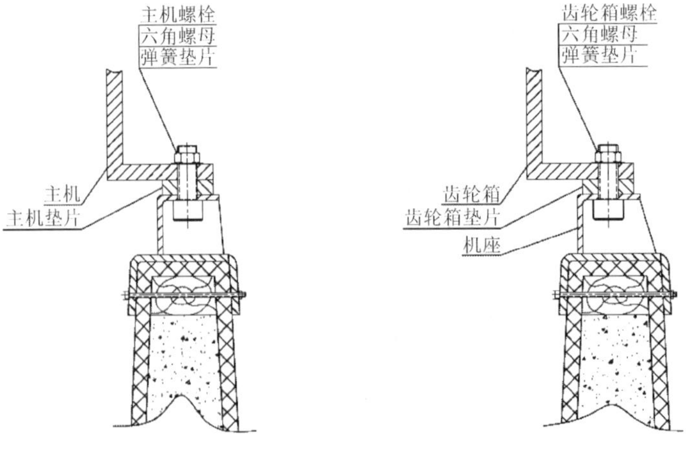

（a）主机基座　　（b）齿轮箱底座

图 7.21　玻璃钢渔船主机基座、齿轮箱底座结构形式

7.7　艏部施工、艉柱结构形式及艉轴管的施工

1. 艏部的施工

艏部的积层应沿船体外板左右舷交错重叠积层，艏前端的积层数为外板的两倍。艏部积层后，最好在艏部内侧放置填充材料，如硬木或角钢加树脂、碎石等，见图 7.22。中、小型玻璃钢渔船艏部加工完成后的结构见图 7.23。

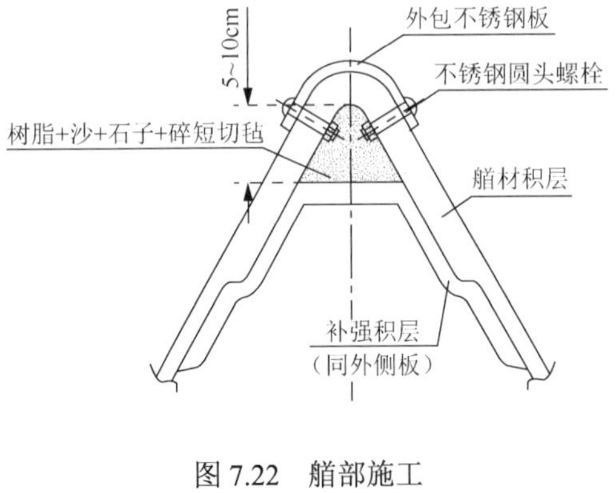

图 7.22　艏部施工

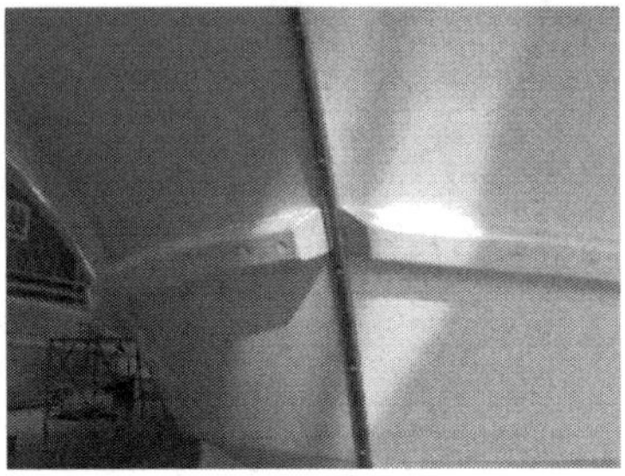

图 7.23　中小型玻璃钢渔船艏部结构

2. 艉柱及艉轴管的施工

大型玻璃钢渔船多设艉柱，从艉鳍或直接从船底外板伸出船外。玻璃钢渔船

的艉柱（图 7.24）通常有两种形式：一种是钢船形式；另一种是木船形式。从玻璃钢渔船的结构上考虑，采用钢船形式比较适宜。

艉轴管有金属制和玻璃钢制的，直接从艉柱穿过，穿过区域保持水密。

（1）艉轴管装在艉柱上。一般使用金属制艉轴管，在艉柱和舱壁之间固定。艉柱后面沿着船壳形状光顺整形。用硬质泡沫塑料作芯材，然后用玻璃钢积层，使其形成流线型，船体表面光顺，见图 7.25。

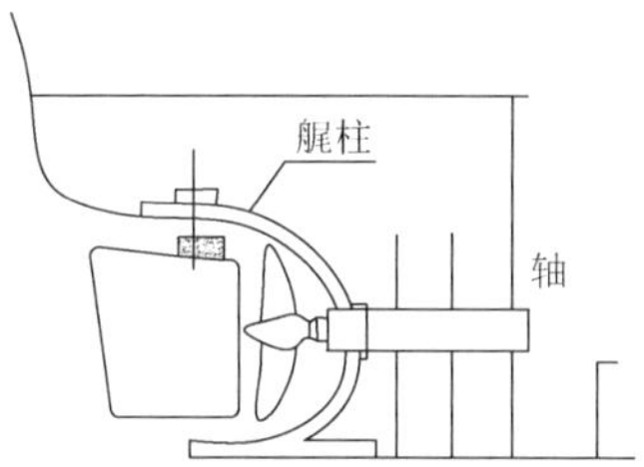

图 7.24　艉柱及轴

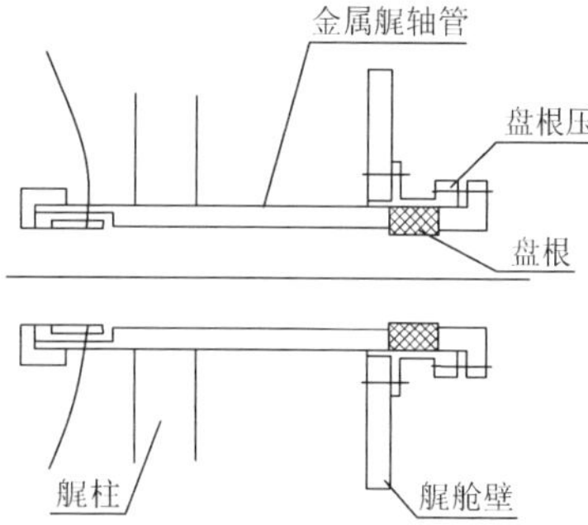

图 7.25　艉轴管的组装（艉柱上）

（2）艉轴管装在艉鳍上。有的小型船装有大的艉鳍，艉轴管自其后端伸出来。此时，与装在艉柱上的情况一样，与主机安装有关系，多数艉轴管是倾斜的（大船一般不倾斜）。艉鳍后端与艉轴管的倾斜度要保持一致，艉轴管与艉柱成直角组装，见图 7.26。

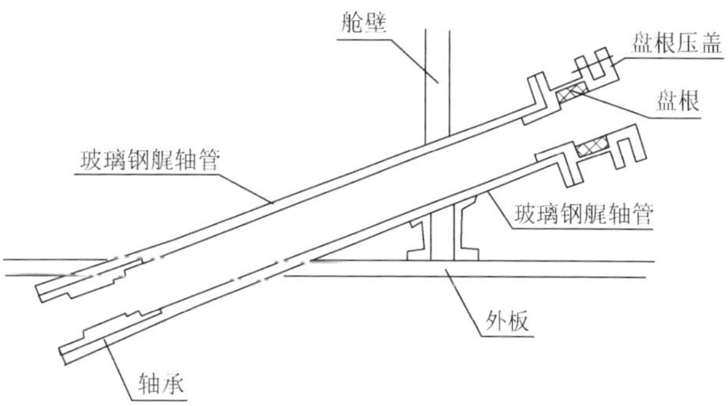

图 7.26　艉轴管的组装（艉鳍）

（3）艉轴管直接装在船底上。有的渔船没有艉柱和艉鳍，艉轴管采取直接从外板上伸出去的安装方法。艉轴管一般比较长，所以安装时要找好中心。通常采用玻璃钢艉轴管，也有采用金属艉轴管的。在艉轴管首端装盘根套，尾端装轴承。艉轴管与船体用玻璃钢积层固定并保证水密和强度，见图 7.27。

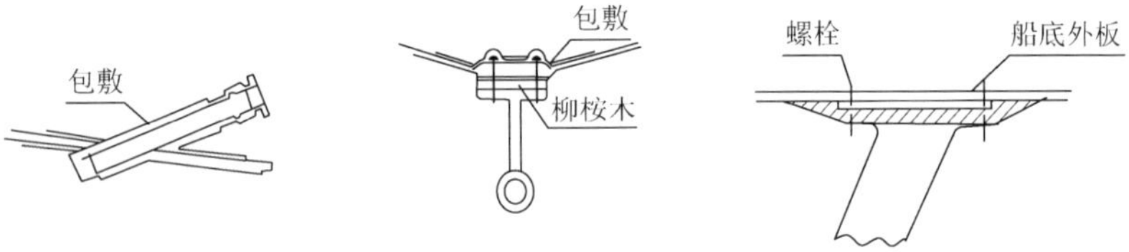

图 7.27　艉轴管及艉框架

7.8　舵的制作及舵轴承的安装

1. 舵的制作

玻璃钢渔船的舵可用玻璃钢或钢两种材质制作，这里只介绍玻璃钢材质制作工艺。

具体制作工艺如下。

（1）将金属舵杆与舵叶支架及舵前端钢板焊接成一体，见图 7.28。

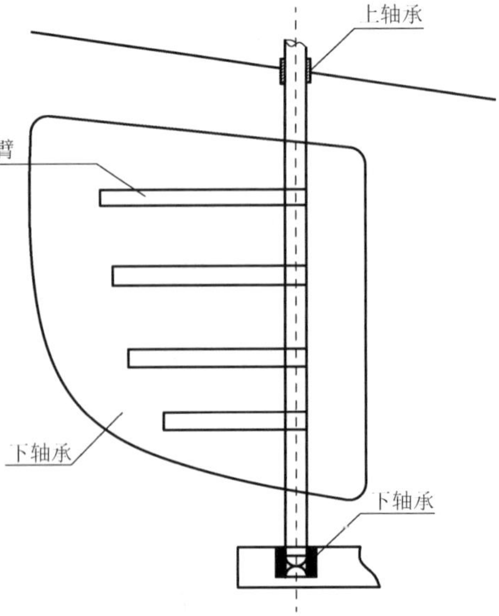

图 7.28　舵的结构侧视图

（2）预制玻璃钢舵板。将舵叶模板置于地上，先积层舵叶底面及四周，形成一凹形板，在其间加置防挠材后，再填充树脂加碎玻璃纤维短切毡，待其固化后，积层舵叶上面的板使其与四周连接在一起。此预制的玻璃钢板类似于夹芯积层板。

（3）在舵叶支架及预制的玻璃钢积层板上钻孔，用铆钉将两者固定在一起，见图 7.29。

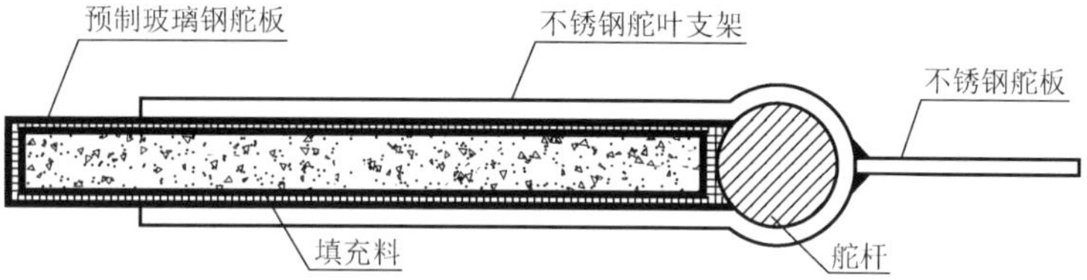

图 7.29　舵的结构示意图（*A-A* 剖面）

（4）在舵前端与舵杆连接的角隅处及舵叶支架与预制玻璃钢舵板接触的角隅处填充树脂腻子，固化后再将整个舵叶积层补强，见图 7.30。

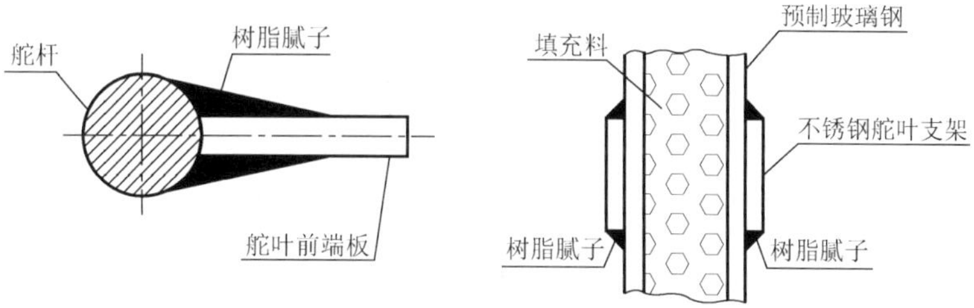

图 7.30　舵杆与舵叶板前端角隅连接处理

2. 舵轴承的安装

（1）找到舵杆中心线。

（2）安装舵轴承时先将安装部位的胶衣层用砂轮打磨掉。

（3）在安装部位依舵轴承螺栓孔位置在船体钻孔。

（4）将舵轴承上下木座依该处船体线型加工好。

（5）在舵轴承部位船体内外铺敷 2～3mm 厚玻璃纤维短切毡，此法有利于水密。

（6）在树脂凝胶前，压上木座板，用螺栓固定舵轴承，见图 7.31。

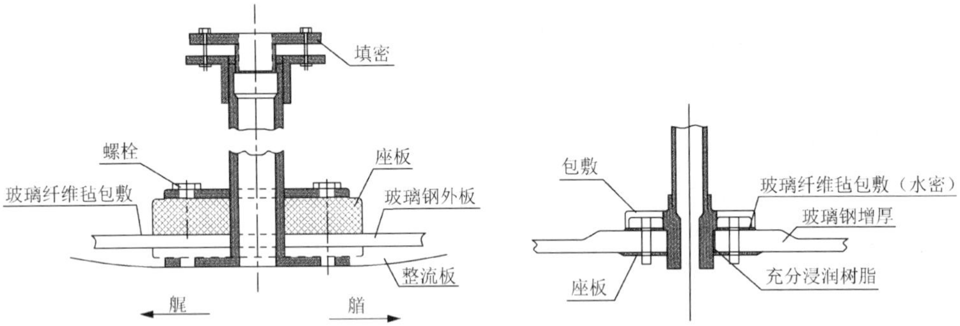

图 7.31　舵轴承的包敷作业

（7）螺栓处包敷玻璃钢，见图 7.32。包敷完成后，玻璃钢渔船艉部结构见图 7.33。

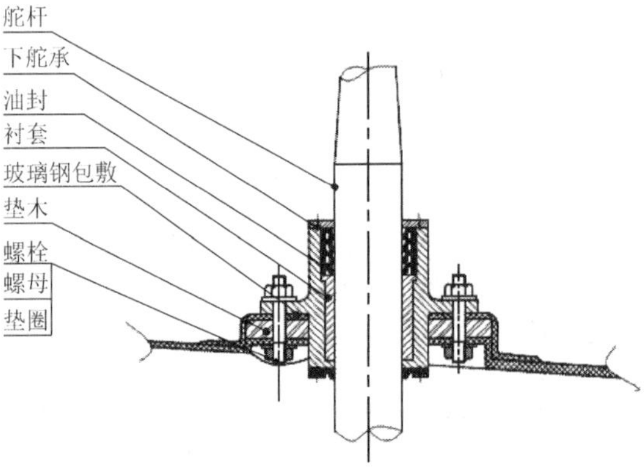

图 7.32　舵轴承部位结构及安装

图 7.33　玻璃钢渔船艉部结构

7.9 玻璃钢渔船舭部施工

1. 舭部结构

玻璃钢渔船一般均设有加强的舭部结构，以减轻渔船的横摇，并能增强渔船结构强度。玻璃钢渔船舭部一般有两种形式：一种是舭龙骨，一种是舭纵桁，见图 7.34。

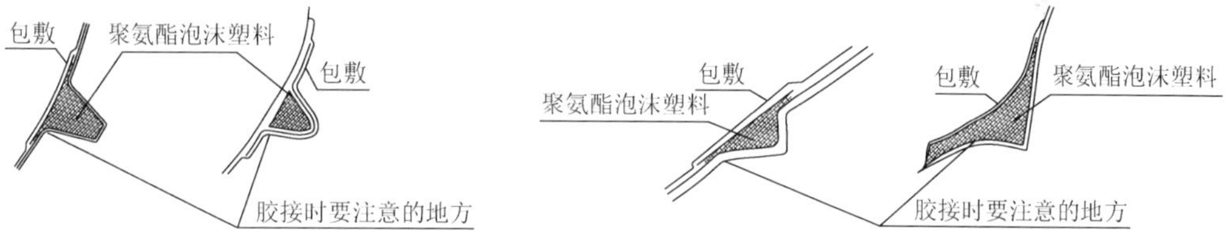

（a）舭龙骨　　（b）舭纵桁

图 7.34 玻璃钢渔船舭部结构

2. 舭龙骨的施工顺序

（1）预先制作 2～3mm 玻璃钢薄板。

（2）按船体舭部线型放样将薄板裁成若干块，宽度略小于舭龙骨设计宽度。

（3）在舭龙骨处固定薄板预制件。为了保证舭龙骨处线型光顺，在船壳成型时应预留长 200～300mm、深 15～20mm 的凹面，便于舭龙骨积层。

（4）薄板预制件上下两面粘贴聚氨酯泡沫塑料，按舭龙骨外形尺寸修平。

（5）按设计铺层厚度积层。

（6）用树脂腻子抹平修整。注意：树脂腻子不要太厚，只需薄薄一层。

（7）喷涂胶衣后与船体一起涂刷防污涂料，见图 7.35。

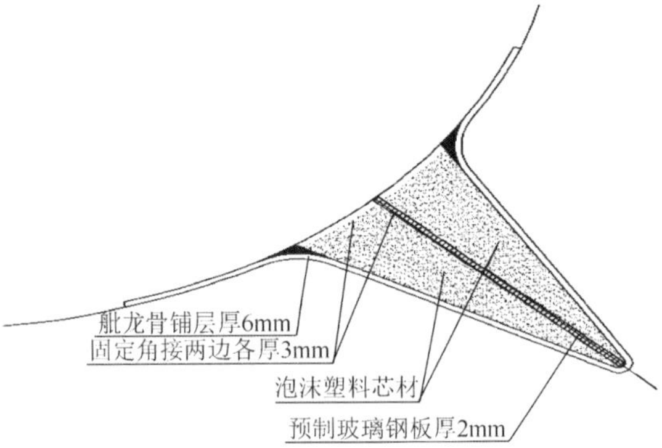

图 7.35　舭龙骨安装

7.10　上层建筑的结构形式、制作与安装

1. 上层建筑的结构形式

上层建筑的内部结构有垂直扶强材和水平扶强材两种形式，扶强材的芯材有木材和泡沫塑料两种。甲板室与甲板的连接处的水平扶强材及甲板纵横骨材的芯材均应是木材，用螺栓固定，包敷玻璃钢，见图 7.36。

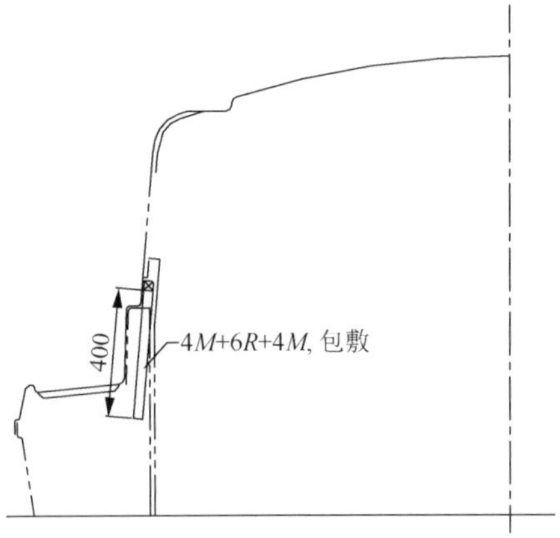

图 7.36　甲板室结构

2. 上层建筑的制作及安装

为了减少二次胶接，确保甲板室的水密性，通常将甲板室与甲板同时制作一

次成型。因此，要求甲板模具与甲板室模具合并在一起，这是最合理的施工工艺方案。

驾驶室单独制作，同样需要整体模具。若使用几块单板拼接，外观质量难以保证，而且胶合性不如整体成型的好。

在甲板室同甲板安装上船后，驾驶室再与甲板室两次胶接合为一体。

甲板室与驾驶室的制作工艺同船体外板一样，都是先单板积层，再安装内部结构件。上甲板的安装见图 7.37。

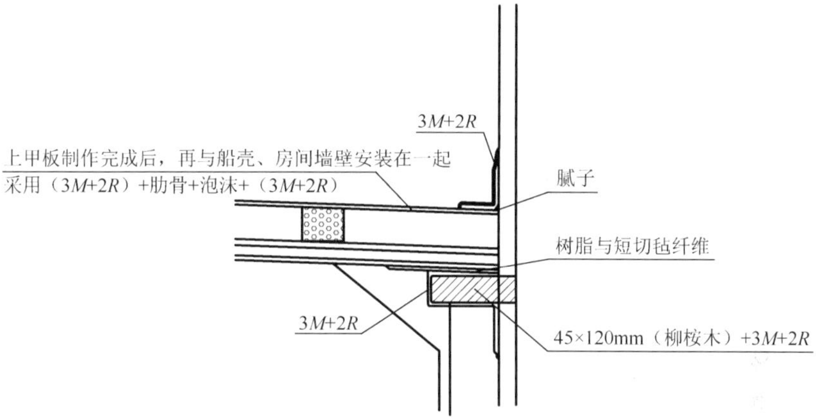

图 7.37 上甲板的安装

7.11 舱围壁的施工

隔舱围壁的施工通常是先预制舱围壁，然后安装木甲板，安装前将舱围壁二次胶接在主甲板上，其施工方法按 L 型材胶接工艺进行。

制作舱围壁及舱盖都需要模具，舱围壁的模具分整体模具与分体模具两种。整体模具需考虑脱模角，以利于脱模。

大型玻璃钢渔船的舱围壁很多，为了施工方便，也为了利于清洗木甲板，通常将数个舱围壁做成一体。玻璃钢渔船上的鱼舱围壁见图 7.38。

图 7.38　鱼舱围壁

7.12　舷墙的施工及护舷材的形式及安装

舷墙及护舷材大都是在甲板吊装固定后制作安装。

1. 舷墙的施工

舷墙的施工顺序为：先将木板按设计尺寸裁成舷墙肘板（图 7.39），安放在设有肘板的肋位；再用树脂腻子固定在舷墙板上，角隅处用树脂腻子抹成圆角固化后再进行积层，防止锐角相交时造成的开裂和垃圾的堆积；接着用不锈钢螺栓将舷墙肘板与防护舷材固定。

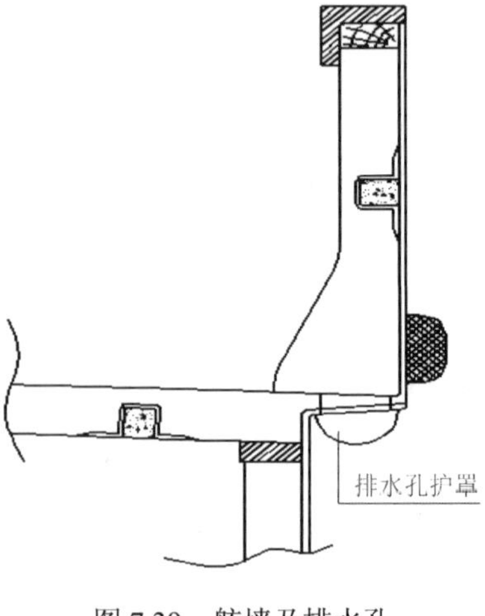

图 7.39　舷墙及排水孔

舷墙施工后为确保甲板排水良好，应在两舷开排水孔（如果舷墙底部折角有足够的宽度，排水口最好向下开在甲板边处）。开孔后应用树脂涂在开孔处四周，确保海水不会由排水孔处浸入船体外板积层，造成船体外板积层剥离，见图 7.40。

图 7.40　甲板排水孔设在舷墙折角处

2. 护舷材的形式及安装

制作护舷材的材料有特种塑料（微发泡型）、木材、橡胶、玻璃钢等。护舷材与舷侧的连接形式与所选用的制作材料有关。

1）采用特种塑料（微发泡型）护舷材

（1）固定螺栓处做成凹圆孔。

（2）用螺栓将护舷材与内边舷材连接固定。为了确保水密，螺栓应预先涂上硅胶然后插进螺栓孔。

（3）螺母周边及上方用树脂腻子填充，见图 7.41（a）。

2）采用木质护舷材

（1）用螺栓将其与内边舷材连接固定，螺栓应预先涂上硅胶然后插进螺栓处。

（2）螺栓外部用树脂腻子填充，然后用玻璃钢将整个护舷材包敷于船外板上，见图 7.41（b）。

3）采用橡胶护舷材

（1）用螺栓将其与内边舷材连接固定，螺栓应预先涂上硅胶然后插进螺栓处，以增强其防海水渗透能力。

（2）将橡胶（或不锈钢）压条插进中间槽内，借助中间槽的卡扣固定护舷材结构，见图 7.41（c）、图 7.41（d）。

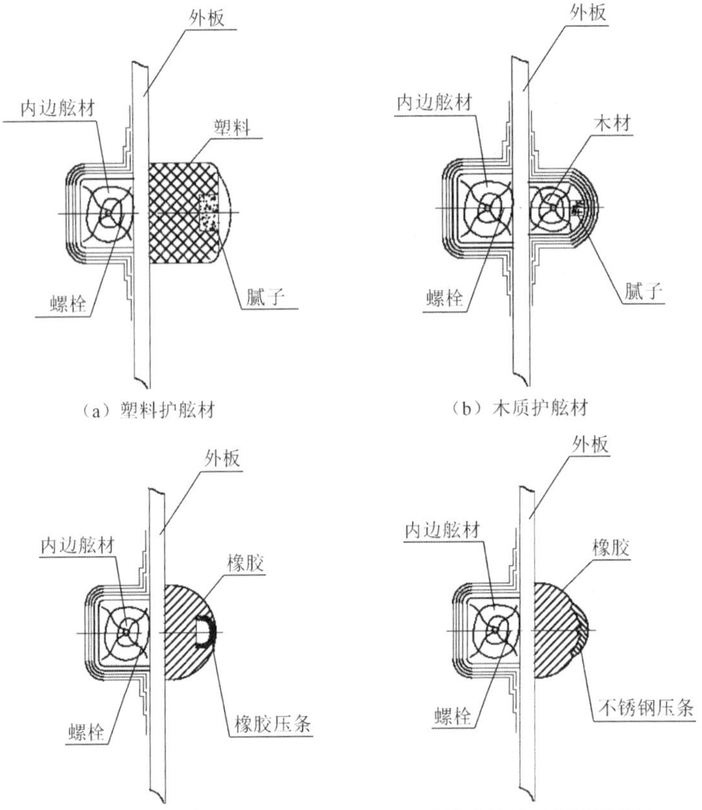

（c）橡胶护舷材（橡胶压条） （d）橡胶护舷材（不锈钢压条）

图 7.41 护舷材的结构形式及安装举例

3. 典型金枪鱼延绳钓渔船护舷材的结构形式

金枪鱼延绳钓渔船的甲板室两舷侧壁是与船壳外板一体成型的，通常应该安装在舷墙上的护舷材，在金枪鱼延绳钓渔船的艉部，实际上是安装在甲板室两舷侧壁上的。这是由于渔船长年在海上作业，停靠码头时，护舷材经常受到碰撞，如果用螺栓固定护舷材，螺栓长期受力会导致周围出现缝隙而引起漏水。

金枪鱼延绳钓渔船设计安装了玻璃钢护舷材，其具体做法是先按设计尺寸糊制矩形槽，然后用树脂、碎玻璃纤维布、碎玻璃纤维毡搅拌在一起，灌到矩形槽中，再将玻璃钢糊制在船壳外板，见图 7.42。

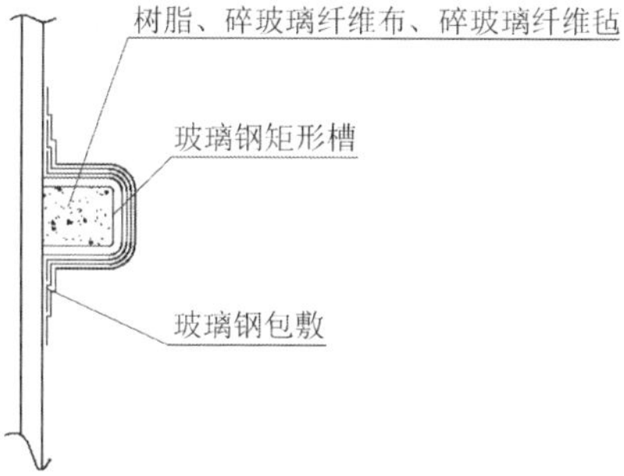

图 7.42　典型金枪鱼延绳钓渔船护舷材的结构形式

7.13　接地与避雷装置的安装

小型渔船上可以通过直流蓄电池供电，有时候渔民为了在海上生活方便，常常也采用 220V 交流电路进行供电。但是，玻璃钢本身不导电，因此为了将船上聚集的电荷传导到水中，就必须保证船舶的有效接地。在海上航行和作业时也要保证渔船上安装有效的避雷装置。接地与避雷装置的安装应注意如下问题。

（1）电气设备与无线电设备应各设置接地板，以避免无线电设备受屏蔽干扰，见图 7.43。

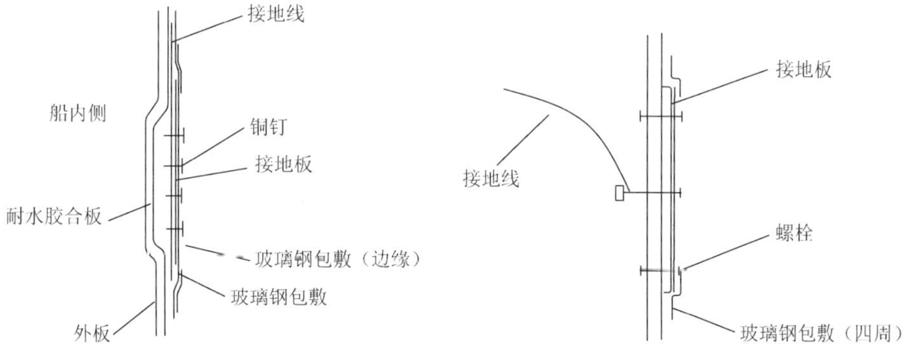

图 7.43　电气、无线电设备接地板安装

（2）避雷装置应设独立的接地板，并应与电气设备接地板之间至少有 1m 的距离。对船长小于 15m 且正常航行时主要动力设备不依靠电力供电的船舶，其电气

设备和避雷装置接地可共用一块接地板。

（3）电气设备的接地板应与防腐锌块保持有效电路连接，可将锌块安装在电气设备的接地板上，见图 7.44。

图 7.44　锌块安装在接地板上面

（4）接地板应固定在船舶各种状态下都能浸在水中的外板上，在接地板的适当位置应设有相同材质的贯穿船体外板的接地螺栓，并且保证水密。

7.14　防腐锌块的安装

由于玻璃钢渔船船体不是导电体，所以防腐锌块的安装与金属船舶截然不同。需注意的问题如下。

（1）如果防腐锌块安装在出水口五金附近，则必须安装在出水口前方或入水口的后方，锌块的位置必须避免干扰流向螺旋桨的水流。

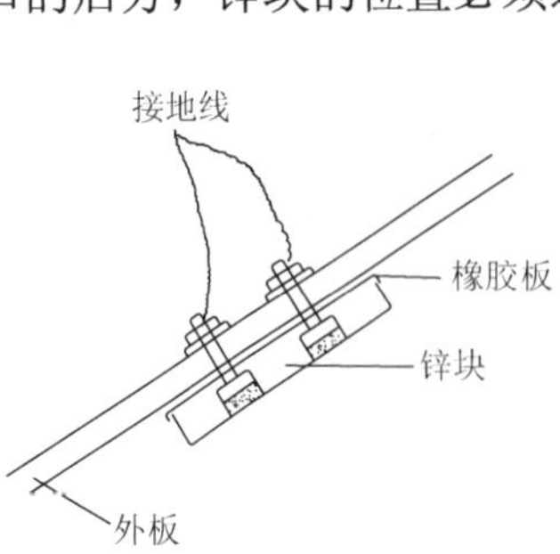

图 7.45　锌块的安装

（2）所有采用阴极防蚀系统防腐蚀的金属，必须与船上接地系统有良好的电导体连接，无论是利用安装方式还是利用船上接地系统，都必须确保和所要保护的金属间保持电路的连续，见图 7.45。

（3）艉轴和船体接地系统间如果没有滑动环或触刷器，则无法提供可靠的连续线路。

（4）舵杆必须用滑动环或触刷器来接地。

（5）一般锌块可以直接安装在所要保护的金属上，但需要将锌块安装在所要保护的各金属区域中间的位置，以得到最好的电流分布，见图 7.46。

图 7.46　锌块与接地板

7.15　防火及船底防污的施工

1. 防火施工

玻璃钢材料本身具有可燃性，对于渔船上具有明火或者高温易燃的处所一定要注意进行防火施工。具体的防火施工工艺应该注意以下内容。

（1）机舱周围内壁应采用阻燃性树脂积层三次以上（厚度大于 3mm），或采用等效的隔热材料铺设。

（2）机舱、厨房等高失火危险处所的玻璃钢制的燃油柜的表面应铺设不燃性材料或将阻燃性树脂积层 3mm 以上厚度。储存液体燃料的燃油柜应采用金属制作。

（3）容易失火以及燃烧时会散发出大量烟雾或有毒气体的涂料、绝缘材料都不能用于机舱处所内。

（4）厨房的四周、甲板应采用不燃材料进行隔热分离。

（5）主机、辅机和厨房烟囱与船体结构之间应设置有效的隔热设施。

（6）用于隔热的泡沫塑料应为无毒、自熄型。

2. 船底防污施工

玻璃钢渔船船体虽然不锈蚀，不易产生附着生物，但若较长时间不维护清理，船体水线下部分还是会长出一些海藻类附着生物，进而影响航行速度，因而，船体水线下部分仍然要涂 1～2 层防污漆。足够的表面粗糙度和清洁度是给底漆提供充分附着力的保证。具体的施工流程如下。

（1）对待涂防污底漆的船体表面使用淡水清洁灰尘、盐分和其他污染物。如果存在油污，则必须使用稀释剂擦拭干净。

（2）使用干燥的中粗糙度的砂纸（P80）或者砂轮处理玻璃钢表面。在处理胶衣表面时，需要轻轻打磨。胶衣表面的蜡油必需清除干净。

（3）打磨完毕后，再使用稀释剂擦拭干净胶衣表面。

（4）待表面干燥后，采用喷涂或者滚涂的方式进行树脂防污漆的涂装。

在进行船底防污漆的施工时，无论采用喷涂还是滚涂都需要进行多次施工，一般要求底漆厚度为 240μm，面漆厚度 100μm 左右，需要用厚度计进行测量。具体施工的次数，根据工人的施工习惯会有所变化，达到设计膜厚即可。

每次底漆施工的时间间隔为 2h 左右，面漆的施工时间间隔为 8h 左右，底漆和面漆之间的施工时间间隔为 4h 左右。

第 8 章　玻璃钢渔船船体舾装

玻璃钢渔船的舾装是对玻璃钢渔船上的部分设备进行安装的过程。玻璃钢的相对伸长率很小（$\varepsilon \leqslant 3\%$），它在受拉力破坏时具有脆性特征。因此，玻璃钢容易因应力集中而引起破坏。根据玻璃钢材料的这个特性，在进行间断构件和开孔形式设计时必须采取一些严格的结构措施，例如，构件在间断处的几何尺度应光顺地变化，在开口处材料应以适当方式进行补强等。

8.1　船体舾装施工原则

可在船壳成型脱模后或脱模之前开始一部分舾装工事。渔船上有各种舾装件，在进行施工时要注意以下施工要领。

（1）因为玻璃钢渔船外板比较薄，所以多在安装部位上预埋垫板后用玻璃钢进行包敷。操作时，可与其他结构的二次胶接一样，打磨已经固化的船壳安装板面，使其表面粗糙并清除蜡和异物，见图 8.1。

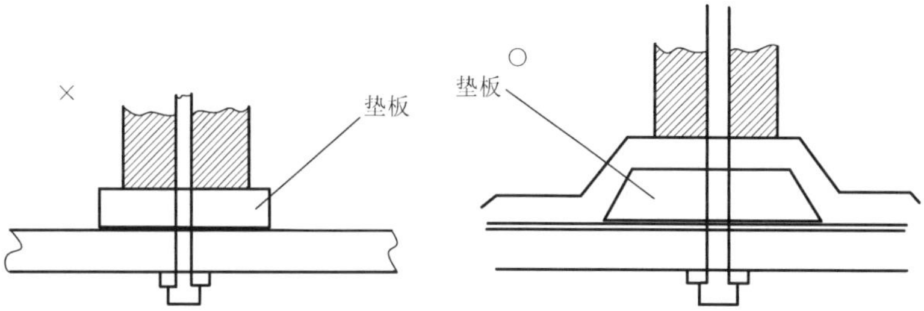

图 8.1　安装部位示意

×代表错误；○代表正确，下同

（2）采用螺栓固定时，要注意玻璃钢的抗压强度大、拉伸强度低的特点，所以一定要设法使力向压缩或剪切方向作用，见图 8.2。

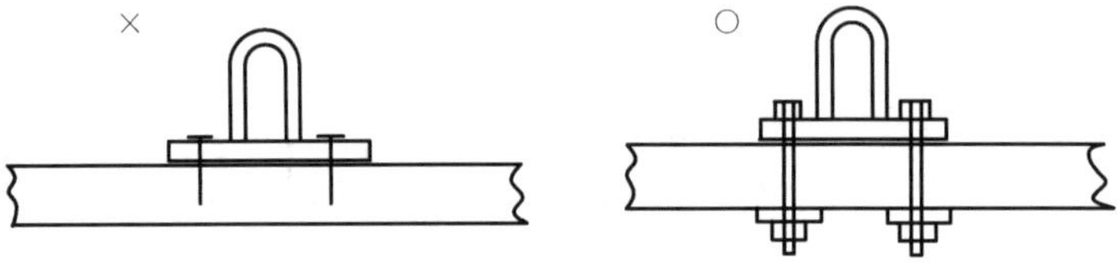

图 8.2　金属螺栓舾装件的安装

（3）安装金属件时，要考虑到玻璃钢容易沿积层方向剥离，不能采用胶接或只有一侧用木螺钉固定，而应装上贯通螺栓并把紧。

（4）当玻璃钢中的玻璃纤维断裂，强度将急骤下降。

（5）考虑将木制件或钢件装在玻璃钢上，较大外力通过这些接触面传递的情况，应在接触面涂上腻子等缓冲材。特别是木制件或钢件安装于外板表面时，如果不涂腻子则会产生微裂。

（6）木制件预埋在玻璃钢上，然后用玻璃钢包敷时，事先必须选用充分干燥的不渗树脂的优质木材。被包敷的木材表面不能有油污和水，包敷前预先用明火在表面进行烘烤干燥并将表面打磨粗糙。如果再涂上密封胶则可以胶接得更好。

（7）钢材与玻璃钢不能完全胶合，所以不能用于水密部位。玻璃钢与铜合金材料更不能完全胶合，所以铜螺钉头一定要窝入玻璃钢中然后用腻子填平。

（8）对玻璃钢进行切割开口加工时，要选用适合玻璃钢的工具。开大孔时，要在拐角部位预先开个圆角或圆孔。在玻璃钢切割开口处要用树脂封闭，否则会吸潮甚至渗水。在使用钻头钻孔时，未钻断的玻璃纤维会起毛，如果推力过大，容易产生撕裂发白，所以钻孔时要轻轻推压或在背面用硬物顶住。玻璃钢的导热性差，使用锉、锯等工具加工时，容易造成工具的齿尖过热而损坏工具，所以要经常研磨或更换工具。

因为积层方向结合较弱，所以切割和开孔加工时，只能在相对积层接近于直角的方向进行，否则就有可能产生剥离。对此，即使安装一个小螺丝钉也得注意。

另外，不要在接近边缘处开孔，开孔距离板材边缘至少 2.5d（d 为孔径），孔与孔的间隔也不宜过小，间距至少为 3d，孔径一般取螺栓直径的 1.05 倍。

采用木螺钉固定的部位，除了将该部分增厚之外，还需加衬垫。另外，过于紧固会把玻璃钢压碎，施工时要注意。

（9）木螺钉如果直接拧在玻璃钢上，很快就会松动，因此，一定要在背面垫上木材使木螺钉拧在木材上，这时玻璃钢上的螺钉孔要开大些避免损坏木螺钉的螺纹，见图 8.3。

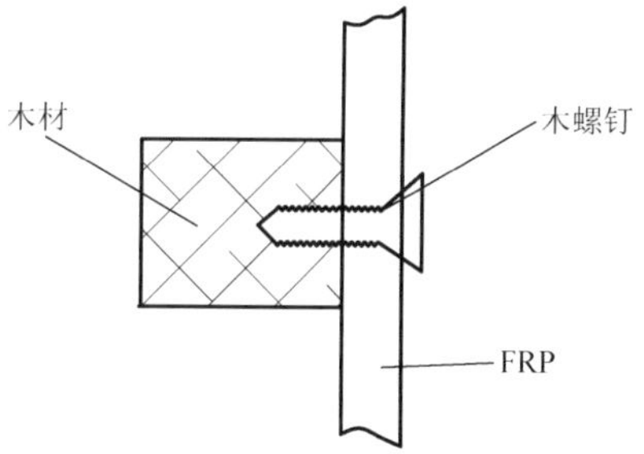

图 8.3　金属舾装件的安装

（10）采用自攻螺钉或铆钉在玻璃钢上安装轻量物件时，也应在垂直于船壳厚度方向进行穿孔，边缘应当进行防渗水处理，并且只能安装非结构构件的轻量物件。

8.2　系缆桩、导缆钳的安装

玻璃钢渔船上的系缆桩、导缆钳经常承受较大的外部横向载荷，如果仅用螺栓固定在甲板上的预埋件上，遭遇大风大浪及恶劣天气时，系缆桩、导缆钳很有可能被“连根拔起”，造成甲板受损和人员伤亡。

安装系缆桩、导缆钳有效方法如下：系缆桩应直通甲板下，与纵横舱壁呈十字连接，见图 8.4；如船体布置困难，也要与其中一个舱壁连接，见图 8.5。设置在甲板边或舷墙上的导缆钳也要与下面的结构进行有效连接，并增加有效连接装置。

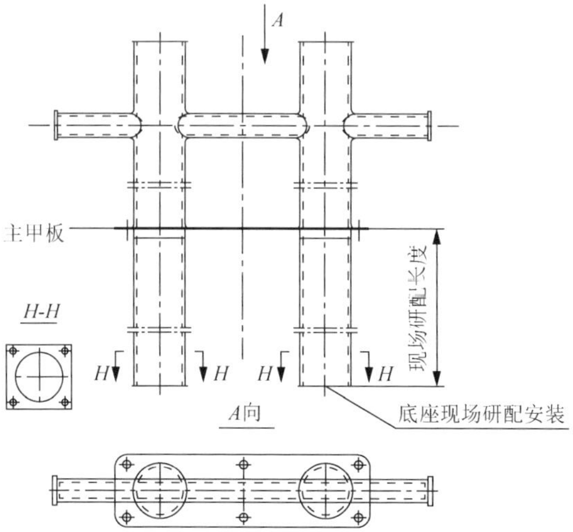

图 8.4　双柱系缆桩的安装

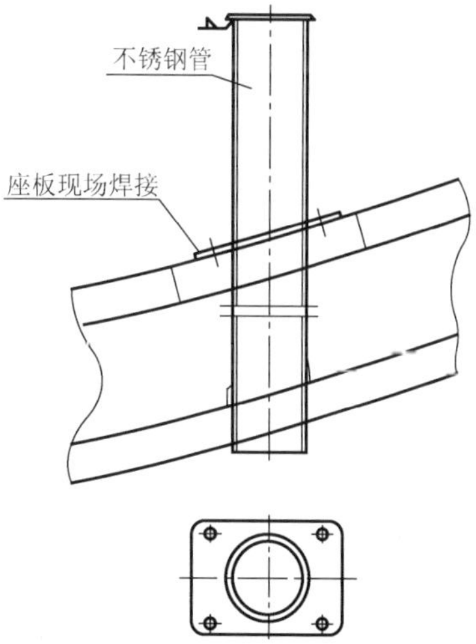

图 8.5　单柱与舱壁连接的系缆桩

8.3 渔捞设备、起重设备的安装

玻璃钢渔船的绞钢机、立式绞盘、钓机、吊杆等甲板设施，在作业时也承受较大的外部载荷，因此应在安装部位进行补强，同时用木板垫和钢板做预埋件，木板垫应是具有一定厚度的硬杂木。钢板与木板垫用稀树脂腻子填满压实，树脂腻子厚度为 2～4mm，最后包敷玻璃钢。在安装设备时玻璃钢表面用树脂腻子找平。

为了防止设备的地脚螺栓长期受外部交变载荷作用，致使地脚螺栓与周围包覆的玻璃钢之间出现裂缝，进而引起漏水，地脚螺栓不应直接贯穿甲板，而应由另一组螺栓把设备底座预埋件与甲板及骨架做贯穿连接，这一点在施工中应予以重视，见图 8.6。

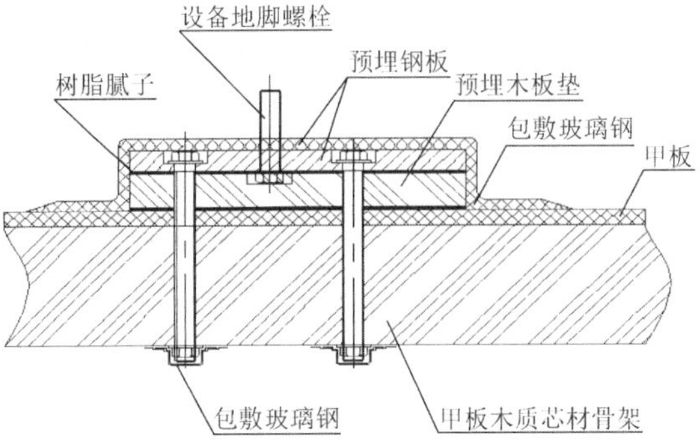

图 8.6　设备底座预埋件示意图

第9章　玻璃钢渔船施工过程常见的缺陷及对策

9.1　易产生施工不良及缺陷的部位

1. 角隅处

角隅处易生气泡，见图9.1。

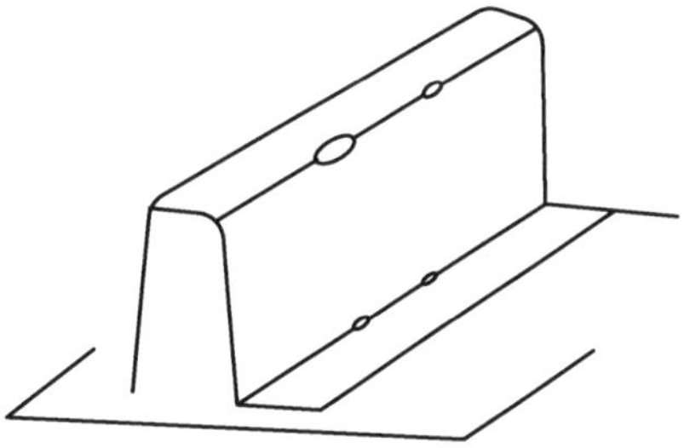

图9.1　角隅处容易出现的缺陷

2. 板与板的接头

为避免缺陷，接头应制成斜坡，注意受力方向、胶合板及搭接方法，见图9.2。

图9.2　板与板的接头容易出现的施工不良

3. T型接头

接头两边要有适宜的积层进行过渡，见图9.3。

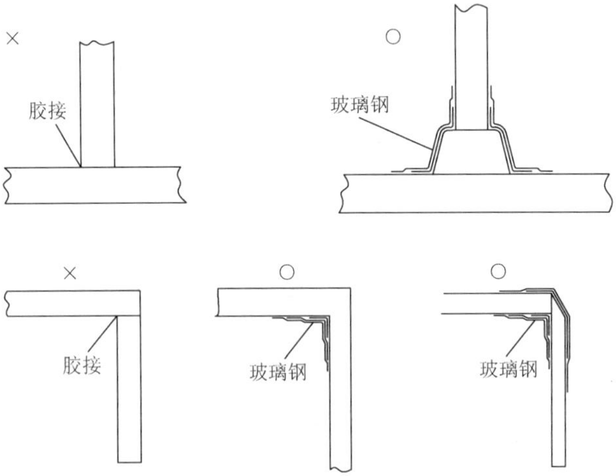

图 9.3　T 型接头容易出现的施工不良

9.2　玻璃钢渔船施工过程中常见缺陷及解决方法

玻璃钢渔船在建造的过程中必须严格进行质量控制，但玻璃钢渔船建造时仍会出现一些质量缺陷[8]。常见的质量缺陷有以下几种。

1. 起皱

玻璃钢表面经常出现皮状皱纹，这是有胶衣层的制品经常发生的缺陷。其原因是施加积层用树脂之前胶衣树脂固化不完全，积层用聚酯树脂中的苯乙烯单体部分地溶解了胶衣树脂，引起膨胀，产生皱纹。改进措施如下。

（1）检验胶衣层厚度（应该是 0.3～0.5mm 厚，即在每平方米内，胶衣树脂用量为 400～500g），必要时可增加其厚度。

（2）核对树脂配方是否正确。

（3）检查固化剂的加入量，以及搅拌是否均匀。

（4）检验颜料糊对固化的影响。

（5）车间温度要保持在 15～32℃。

（6）一定要等胶衣树脂完全固化后再进行积层施工操作。

2. 针眼

玻璃钢表面有极细小的针眼，一般因胶衣层在凝胶时进入小气泡引起，也可能是灰尘留在模具表面所致。其消除方法如下。

（1）保证模具表面无灰尘。

（2）检查树脂黏度，需要时可加入适量苯乙烯稀释，或减少触变剂用量。

（3）若因脱模剂选择不当，使胶衣层浸润性降低而引起针眼，使用聚乙烯醇脱模剂则不会产生针眼。

（4）加固化剂或颜料糊时，应避免空气进入树脂。

（5）核对配方是否正确，若固化剂用量过多导致早凝胶，易产生针孔、气泡。

3. 光泽变化

过早脱模或使用了较差的石蜡脱模剂、颜料分散性差、局部修补施工是在不同时间及气候变化情况下、使用的固化剂配比不稳定、不同批次胶壳的色差都会造成日后外部胶壳的色变（深浅色差、黄变），尤其在深色胶表面上容易发生。

积层时未能完全排除微小气泡及灰尘颗粒会造成日后外部胶壳起泡及黑点。

以上问题的处理方法如下。

（1）为避免色差，可打磨掉表面胶衣层，重新涂上相同型号的胶衣，用#1000或以上砂纸结合水磨抛光，再打蜡完成。生产及修补时都要按生产商的建议控制好固化剂的添加量。

（2）凿去起泡处及黑点处的胶衣层，重新涂上相同型号的胶衣，用#1000 或以上砂纸结合水磨抛光，再打蜡完成。

（3）如果有较深的起泡或黑点，要凿挖到底，再用碎毡加积层树脂将凹陷部分填平，待固化完成后再重新涂上相同型号的胶衣，用#1000 或以上砂纸结合水磨抛光，再打蜡完成。

（4）保证不用过期的石蜡，模具在胶衣层施工前应进行适当的抛光。颜料要在树脂中充分均匀地分散。

（5）制品在脱模前要充分固化。

4. 胶衣层剥落

胶衣层剥落是胶衣树脂与铺积玻璃钢层之间黏接不良引起的。制品在脱模过程中，敲打、震动也易出现胶衣层剥落的情况。导致胶衣层剥落的其他因素如下。

（1）模具表面抛光不够，易使胶衣黏在模具上。

（2）模具中使用的软质石蜡类脱模剂渗到了胶衣树脂中。

（3）胶衣树脂使用时或使用前受到了污染，使胶衣层与制品黏得不牢。

（4）铺敷玻璃钢层之前，胶衣树脂固化时间太长。

（5）胶衣层、玻璃钢层之间没有压实黏接好。

5. 分层（剥离）

分层（剥离）是玻璃钢中经常发生的现象，一般发生在两层增强材料之间。其原因及处理措施如下。

（1）树脂用量不足。应保证浸胶均匀、有足够的树脂量。

（2）玻璃纤维布、玻璃纤维毡浸润性差。应使用低黏度树脂。

（3）玻璃纤维表面受污染，多是使用了带石蜡浸润剂的玻璃纤维及其织物。

（4）铺敷第二层玻璃纤维时第一层已经固化。应使层间结合面粗糙化，并尽量同时固化。

（5）两层玻璃纤维布间应加一层玻璃纤维短切毡，以增加层间黏接强度。

6. 斑点

有时在玻璃钢表面或胶衣层表面会出现小斑点，主要原因是颜料、填料或触变剂分散性差，也可能是灰尘落在模具表面所致。改进措施如下。

（1）保证模具表面清洁，涂胶衣树脂前抛光模具，使其无灰尘。

（2）检查混料质量，各组分材料要混合均匀。

7. 纤维外露

玻璃钢产品脱模后，玻璃纤维有时会穿过胶衣层露出来，其主要原因如下。

（1）胶衣层太薄，应适当增加厚度，或者使用表面毡，以增加表面层树脂含量。

（2）铺敷玻璃纤维前，胶衣树脂固化不充分。

（3）产品脱模太快。

（4）树脂固化放热温度太高，应适当减少促进剂、引发剂用量，或改变树脂的固化体系。

8. 产生气泡或起暗泡

气泡或暗泡，经常在脱模后短时间内在斑点处或整个表面出现，也可能在后期固化中产生。这是由于空气或溶剂夹杂在胶衣树脂层和玻璃钢层之间，也可能是选择了在特殊条件下应用的树脂或增强材料造成的。其他原因如下。

（1）成型时，玻璃纤维浸渍不透。

（2）原材料尤其胶衣树脂受到污染。

（3）高温固化时，误用固化体系。

（4）使用时温度、湿度高或化学腐蚀。

9. 开裂

在树脂固化后可能立即龟裂，或在固化后几个月发现裂纹，通常在树脂表面生成，严重的可使表面明显地失去光泽。其产生的主要原因如下。

（1）胶衣层太厚，厚度保持在 0.3～0.5mm 为宜。

（2）树脂类型选择不当。

（3）促进剂、引发剂计量不准。

（4）胶衣树脂中的苯乙烯加量太大。

（5）树脂固化不完全。

（6）树脂中加入的填料量太大。

（7）模具设计不当，制品受固化应力影响太大。

（8）制品设计不合理，应用时出现反常的应变值，宜重新对产品进行设计。

（9）制品受冲击，在表层出现裂纹。

10. 发白

发白是玻璃钢常见的缺陷，表面会出现一些白斑点或严重的起霜现象。其原因如下。

（1）胶衣树脂固化不完全，应检查胶衣层厚度及促进剂、引发剂的用量。

（2）填料或颜料使用过多，或搅拌不均匀。

（3）树脂配方不适于使用条件。

11. 发黏

某些玻璃钢产品暴露在大气中，表面有发黏现象。其主要改进措施如下。

（1）应避免在低温度、高湿度条件下进行操作。

（2）提高固化温度。

（3）必要时加大促进剂、引发剂用量。

（4）在最外涂层中加石蜡或石蜡油。

12. 扭曲变形

玻璃钢制品有时脱模后会发生扭曲变形，其原因如下。

（1）脱模时玻璃钢固化不完全。

（2）加强肋固化不完全，或与制品本身固化速率不同。

（3）加强肋强度、刚度不足。

应改进产品设计，改进模具设计，以抵消变形所产生应力。

13. 硬度低和刚性差

硬度低和刚性差主要是固化度不足引起的。其改进措施如下。

（1）检查促进剂、引发剂用量。

（2）避免在温度低、湿度高的条件下操作。

（3）应保证玻璃纤维、填料、增强材料储存在干燥条件下。

（4）检查增强材料用量是否足够。

（5）应进行后固化处理。

14. 树脂析出

玻璃钢产品在使用过程中，与大气和水分接触会发生树脂渗析现象。其主要原因及改进措施如下。

（1）树脂固化不完全。产品在使用前要保证充分固化，必要时要进行后固化处理。

（2）树脂与使用条件不适应。树脂选用要与使用条件相适应，宜选用耐老性、耐腐蚀性好的树脂。

（3）使用温度要求高。应选用耐热树脂。

15. 泛黄

暴露在阳光下的玻璃钢制品表面会泛黄。其原因及改进措施如下。

（1）成型时比较潮湿。应保证所有材料干燥，并要在温度较高、相对湿度较低的条件下操作。

（2）树脂选用不当。宜选用含光稳定树脂。

（3）使用过氧化苯甲酰/二甲基苯胺体系，玻璃钢容易泛黄。可改用其他固化体系。

（4）固化不充分。宜进行后固化处理。

16. 褪色和畸变

褪色和畸变通常是由固化中过量的放热而引起的。改进措施如下。

（1）调整促进剂、引发剂用量或改用其他体系。

（2）减小制品厚度，防止过量放热。

第 10 章　船体使用、保养及维修

10.1　玻璃钢渔船的使用

目前建造的玻璃钢渔船的船体结构强度已经完全能够满足日常作业要求，但船体结构还存在不耐磨的缺点。因此，在日常使用中也应该注意使用方法，在使用玻璃钢渔船时应该注意以下内容。

（1）停靠码头和停靠其他船只时，要加好防碰垫，避免尖锐物体与船体接触，防止划伤表面胶衣层。

（2）作业时避免钢缆或其他尖锐金属磨损玻璃钢。

（3）当发现防磨舾装件损坏时，应及时更换。

（4）需要拖曳其他船只时，如果使用钢缆，应将钢缆与船体接触点隔离开。

（5）吊网板时注意网板和钢缆不要碰及两舷的舭龙骨。

（6）上坞清除海生物时，避免使用尖锐物体，防止将船体胶衣层划伤。

10.2　玻璃钢渔船的保养

（1）每航次回港停泊时，船艇表面要保持清洁，甲板也要经常擦洗。

（2）对有些暴露在甲板上易锈蚀的金属件要经常包敷、涂漆，防止锈蚀扩散。

（3）要经常检查锌块的侵蚀情况，当发现锌块侵蚀完后要及时更换。

（4）当玻璃钢碰撞、磨损、纤维外露时应及时修补。

（5）每年船体水线以下应涂刷一遍防污漆（厚度根据所用漆生产厂要求而定）。

10.3　玻璃钢渔船的维修

10.3.1　表面轻度划伤的维修

轻度划伤是指船体表面胶衣层和富树脂层的划伤。划伤如果在水线以上，不会对船体强度造成影响，只是影响美观，如果不能及时维修，可安排在船只上坞清除船底海生物时处理。如果划伤在水线以下且深度超过 2mm，由于船体长时间浸泡在水中，海水对破损处会有一定侵蚀作用，建议拖延时间不要过长，一般应在 20 天内维修[9]。

维修方法如下。

（1）用角磨机将划伤部位两侧各 20mm 范围内胶衣打磨掉，并保持损伤面干燥、清洁、平整。

（2）将胶衣或树脂加入促进剂搅拌均匀后，再加入 45%～50%的滑石粉充分搅拌成腻子，最后加入固化剂搅拌均匀，用腻灰刀将腻子平整地抹在划损处，待固化后用砂纸打磨平整，干燥、清洁后，再涂刷一层与船体颜色相同的胶衣，固化后再用#450～#800 水砂纸打磨抛光即可。

10.3.2　表面一般破损的维修

一般破损是指局部小范围受损，船体结构未受破坏的纤维外露并出现断裂、轻度渗水的损伤。这种破损如果出现在主甲板以上，虽然不会影响使用，但也不要拖延过长时间，在条件允许的情况下最好在 5 天内维修。如果这种破坏出现在主船体上则应及时维修。

具体维修方法如下。

（1）将破损已分层的部分切割掉。

（2）将破损处四周范围内的玻璃钢打磨成锥形，见图 10.1。

（3）在破损处内侧或外侧放置一块托板（三合板、薄铁板等均可，只要能起到支撑作用且耐树脂腐蚀即可）。

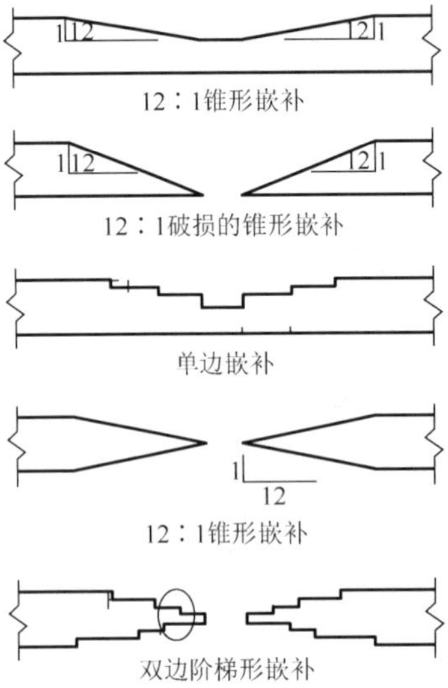

图 10.1　嵌补接合面的处理

（4）用树脂腻子（树脂中加 45%～50%的滑石粉）将缝隙打平，防止树脂漏淌和便于铺层。

（5）腻子固化后将其表面打磨平整。

（6）用玻璃纤维、树脂将破损处糊平，两面总厚度应为原厚度的 1.5 倍。

（7）固化后，将托板撤掉并打磨表面。

（8）糊制表面（铺层由小至大，见图 10.2）。

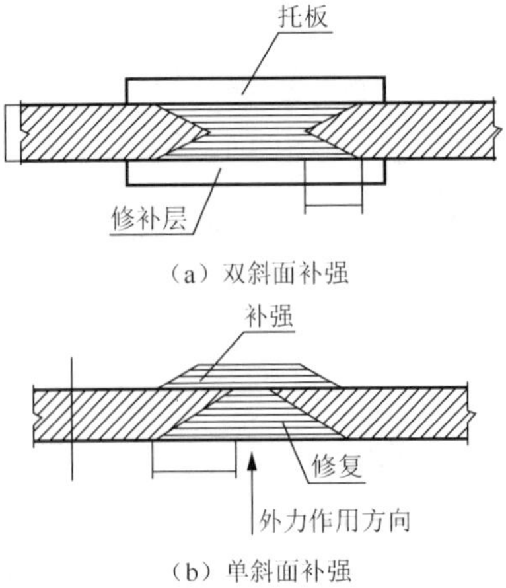

图 10.2　破孔补强示意图

（9）固化后，将表面打平，并涂刷胶衣。

（10）最后用水砂纸将表面打磨抛光。

10.3.3　重大损伤

重大损伤是指船只受到外力冲击，玻璃钢破损漏水，结构遭到破坏。这种损伤需要立即紧急堵漏，并拉坞修理，这种维修需要专业人员来处理。

1. 修补要求

凡遇重大损伤，均须由技术部门负责玻璃钢工艺的技术人员到现场查看伤情后给出修补技术方案，下达生产部门实施。方案内容主要有以下几项。

（1）损伤情况位置、面积、程度，并以图示标明（包括照相、录像）。

（2）损伤原因分析。

（3）修补工艺包括使用材料、修补步骤、有关措施等。

（4）试验及要求。凡影响船体强度的，要在船检部门参与下制定试验方案及要求。

（5）建立档案完成后，参与人员签字，并将方案等相关资料存档。

2. 修补原则

玻璃钢是用合成树脂把增强材料黏接在一起形成的复合材料，它的修补也同样是用合成树脂黏接的。因此，修补过程实际上是修补用的材料与原有材料的黏接过程。

用黏接方法修补，修补原则如下。

（1）必须将损坏处松散的树脂、纤维清除干净，到未受损伤处为止。

（2）黏接的接触面必须洁净，才能保证黏接强度。

（3）修补面必须加工成斜坡状，增强材料各层间应成阶梯状，修补时所用增强材料应裁剪成与各“阶梯”相吻合。

（4）为保证修补牢固，对裂缝等狭小损伤必须做扩大“创面”处理。

（5）所用树脂及增强材料应与原玻璃钢层一致，铺层结构也应相同，但不排除用性能更好的材料品种。

（6）应确保黏接面与修补用的增强材料浸透树脂，不得有气泡与空隙。

（7）修补后表面色泽与周边一致。

3. 修补施工

1）穿透性损伤

因撞击、挤压等原因造成的穿透性损伤。修补方案如下。

（1）制作修复用模具，可用石膏等材料对破损处做临时补整，然后在其上制作玻璃钢模具，模具面积必须大于破损范围。

（2）清理损伤处，对交叉裂缝可开成圆形洞口，以便于修补。

（3）将修复用模具覆于修补区并固定，使之密合。

（4）在事先采取脱模措施的模具上涂刷胶衣树脂。

（5）待胶衣树脂固化到适当程度后按顺序补敷各层增强材料，直至达到原厚度。

（6）为确保修复后的强度，可再增厚 0.5～1mm，增厚面积应扩大，每边至少加宽 100mm。

（7）固化 24h 后脱模。

（8）对表面胶衣层做进一步处理。

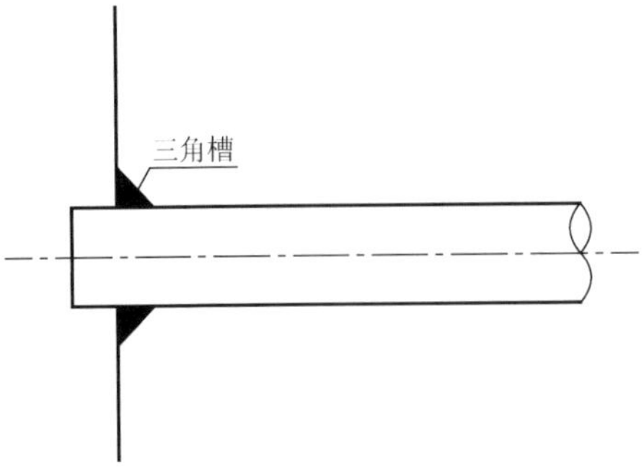

图 10.3　艉轴管连接处渗漏修补

2）艉轴管连接处渗漏

如艉轴管安装后处置不当会产生渗漏。修补方案如下。

（1）在轴管与玻璃钢艉壳板连接处四周开三角槽，见图 10.3。

（2）清理槽口，并用丙酮清洗。

（3）用浸透树脂的玻璃纤维纱束以缠绕方式填充到槽中，使之填充、包缠紧密。

（4）固化后槽口表面可再用树脂腻子抹平、打磨。

（5）喷涂胶衣，然后用水砂纸磨光。

3）夹层结构损伤

夹层结构包括用泡沫塑料作浮力舱的部位。修补方案如下。

（1）将损伤处玻璃钢层切开。

（2）清除受损的泡沫塑料，见图 10.4。

（3）取质量合格的泡沫塑料按受损部位切除后的尺寸割取填充块。

（4）在受损处及割取的填充块胶合面上涂刷树脂。

（5）把补正的填充块嵌补于受损处。

（6）再按前述的常规修补顺序修补外层壳板。

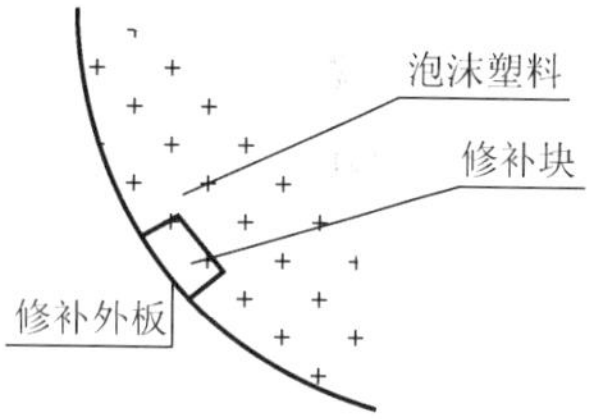

图 10.4　夹层结构损伤修补

4）骨材损伤

因撞击、挤压等原因，造成骨材折断或玻璃钢发白受损、与艇体脱开等均须修补。修补方案如下。

（1）将损伤的骨材切除。

（2）补正切除处的芯材。

（3）将切口处两端断口的玻璃钢层逐层剥修成阶梯形斜接口。

（4）按常规方法补正切除的骨材玻璃钢层。

（5）在原有厚度上再加 0.5～1mm，并扩大到修补范围之外每端至少 10mm。

5）注意事项

（1）要重视表面处理，它影响到修补质量。

（2）树脂中可适当添加粉状填料（细度 200 目以上），可增加黏接性。

（3）破损洞口及尖角处应修成圆口，以利于修补。

（4）修补厚度一次不能超过 5mm。

（5）潮湿处在修补前应进行干燥处理。

（6）加厚时，增强材料边缘必须错开，使边缘逐渐变化，以免厚度突变造成该处应力集中而再遭破坏。

（7）修补后应在常温下放置一周，待玻璃钢充分固化后再进行结构试验和交付使用。

10.4　玻璃钢渔船使用中易损伤部位及其修复方法

玻璃钢渔船经过长时间的海上作业，不可避免会出现损伤，常见的问题包括：在结构结合处有胶壳开裂；结合处/开口处漏水、渗水；船体甲板表面有胶壳起泡或产生黑点；甲板鼓泡、开裂；船底渗漏；使用时碰撞的刮伤、开裂等。很多时候损伤是使用不当造成的[10]。

玻璃钢渔船在使用过程中易损伤部位及修复方法如下。

1. 玻璃钢渔船船体与甲板的结合处开裂

在船体使用中船体和甲板的结合部位容易发生开裂现象，很多时候是使用中意外的碰撞造成的，见图 10.5。

图 10.5　玻璃钢船体与甲板结合处开裂

修复方法如下。

（1）局部较小的碰撞：拆下舷边护舷压条、整修玻璃钢船体结构，使用结构胶及螺栓重新固定后再进行补强，完成修复。

（2）面积较大的碰撞：需要及时回到工厂请专业人员进行评估，并进行修复。

2. 玻璃钢渔船船体部件结合处的胶衣层开裂

玻璃钢渔船部件结合部位的胶衣层容易发生开裂。由于是两个玻璃钢部件的结合，凹凸折角部位长期使用容易在胶衣表面处开裂，见图 10.6。

图 10.6　玻璃钢渔船船体部件结合处的胶衣层开裂

修复方法如下。

（1）除去过厚的表面胶壳层。

（2）用毡布加积层树脂补强，待固化后，重新涂上相同型号的胶衣层。

（3）用#1000 或以上砂纸结合水磨抛光，再打蜡完成。

3. 玻璃钢渔船楼梯与甲板主体结合处表面胶衣层的开裂

玻璃钢渔船楼梯与甲板主体结合处表面胶衣层开裂见图 10.7。

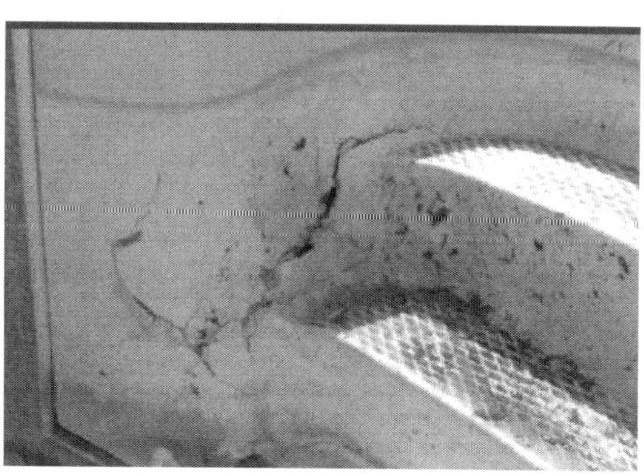

图 10.7　楼梯与甲板主体结合处的胶衣层开裂

修复方法如下。

（1）除去过厚的表面胶衣层，如果已破损到玻璃纤维层，需要去除整个楼梯。

（2）去除整个破损部位，用毡布加积层树脂补强，待固化后重新涂上相同型号的胶衣层。

（3）将楼梯安装到船体结构上，并进行积层包敷。

（4）用#1000 或以上砂纸结合水磨抛光，再打蜡完成。

4. 舷窗开口处与玻璃钢船体结合处的渗漏

渗漏会使玻璃钢渔船船体开裂，进而造成船体破损。舷窗开口处与玻璃钢船体结合部位的渗漏通常是由碰撞或者施工不良造成的。

修复方法如下。

（1）先拆除舱内木制装饰压条。

（2）重新打胶补强，然后再安装装饰压条，完成修补，见图 10.8。

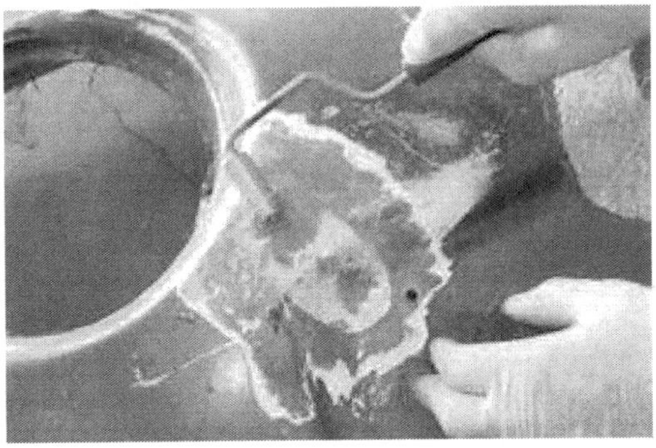

图 10.8　舷窗开口处与船体结合处的维修

5. 设备安装开口处与玻璃钢渔船船体结合处的渗漏

玻璃钢渔船在长期使用之后，设备安装的开口处与船体、甲板等的结合位置会发生渗漏，如发动机及桨轴系统的进出口、发电机进排水口、艉推进器安装处等贯穿船体甲板的部位都容易发生渗漏，见图 10.9。

修复方法如下。

（1）结合部位应经常进行检查，及时发现渗漏部位。

（2）在容易发生渗漏的周边部位要防止垃圾、废物的堆积和积水的产生。

（3）在施工过程中应严格做好水密措施。

（4）对出现渗漏的部位要及时进行修复，重要部位需要到专业厂家进行维修。

图 10.9　舵杆部位的防渗水处理

6. 船底玻璃钢长期使用后的渗漏

玻璃钢渔船经过长期使用后，部分渔船会发生船底局部面积或大部面积细微的渗漏。长期渗透会导致船体重量加重，造成玻璃钢船体结构提前老化、破损，见图 10.10。

修复方法如下。

（1）把玻璃钢渔船吊上码头或船坞进行水线以下的全面检修。

（2）对部分胶衣层变薄破损部位或者局部渗水点进行修补。

图 10.10　玻璃钢渔船长期使用后船底胶衣层的渗水

7. 玻璃钢渔船海底阀箱开口处的渗漏

水线以下的玻璃钢渔船船底一般都有海底阀箱。海底阀箱的开口部位如果施工不当或使用不当会有渗漏的情况发生。

修复方法如下。

（1）在安装海底阀箱的时候，玻璃钢船底的开口一定要与其保持一致。

（2）海底阀箱与船体的结合部位要采用搭接方式进行积层，边缘要做好防水处理。

（3）在海底阀箱的安装部位要进行局部加强。

（4）防止杂物在海底阀箱周边堆积，见图 10.11。

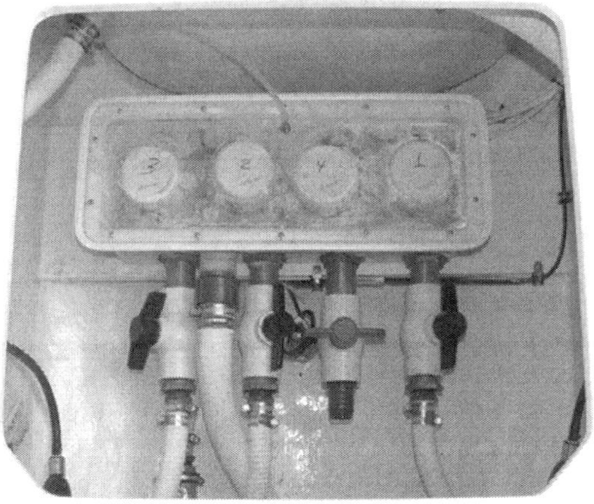

图 10.11　海底阀箱

8. 意外碰撞时玻璃钢渔船外部的刮伤及开裂

（1）底部较小的刮伤：如果刮痕没有伤及玻璃钢部分，则先除去表面胶衣，补平凹陷的地方，重新涂上相同型号的胶衣，用#1000 或以上砂纸结合水磨抛光，再打蜡完成，见图 10.12。

（2）刮痕伤及玻璃钢积层部分：先除去表面胶衣，然后用碎玻璃纤维毡加积层树脂补平凹陷的地方，待固化完成后重新涂上相同型号的胶衣，用#1000 或以上砂纸结合水磨抛光，再打蜡完成，见图 10.13。

图 10.12　玻璃钢渔船底部较小的刮伤

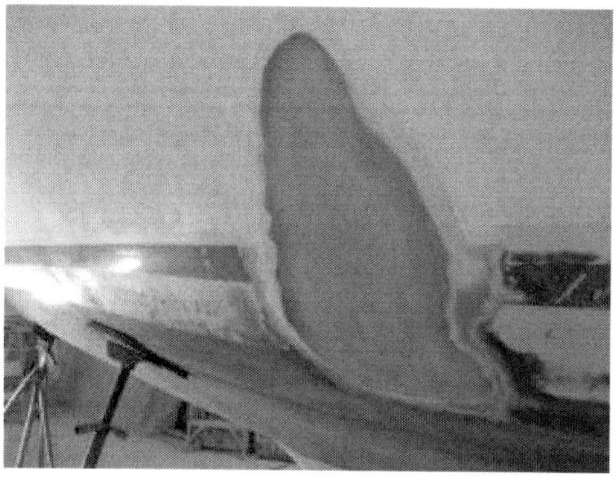

图 10.13　玻璃钢积层部位损伤的修复

（3）碰撞时发生开裂：一般是比较严重的碰撞而导致的开裂，这样的开裂已经影响到渔船的安全性了。因此，需要到专业的厂家进行修复，见图 10.14。

（a）修复前

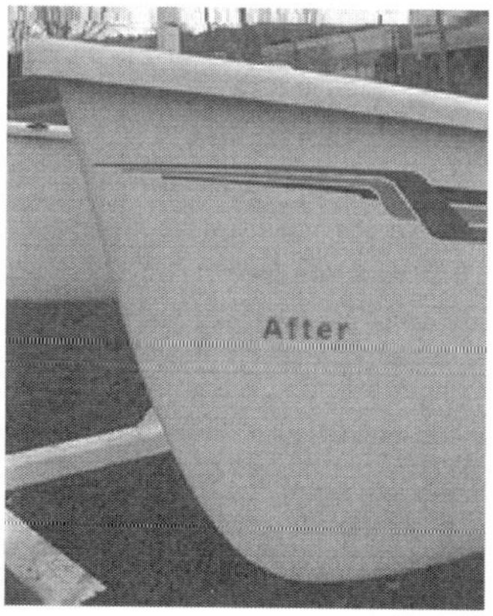

（b）修复后

图 10.14　严重的玻璃钢渔船碰撞修复

参 考 文 献

[1] 王禹阶. 玻璃钢与复合材料的生产及应用——有机、无机玻璃钢及其相关材料的综述. 合肥：合肥工业大学出版社，2005：26.

[2] 船越卓，笠井健一，金山美彦. 玻璃钢渔船. 大连振华玻璃钢研究所译. 大连：大连理工大学出版社，1989.

[3] 吴忠友，陈欣. 我国玻璃钢渔船发展历程及建造工艺技术. 渔业现代化，2011，38（4）：66-69.

[4] 吴如艳，陈凤舞. 玻璃钢材料发展现状综述. 河南科技，2013，4：120-127.

[5] 张作善. 国外玻璃钢生产车间的污染和防治措施. 玻璃钢/复合材料，1983，（4）：41-43，54.

[6] 姚树镇. 玻璃钢船体分片成型工艺. 江苏船舶，1991，1：22-25.

[7] 刘国平. FRP 船木质阴模的制做. 纤维复合材料，1992，4：41-43.

[8] 倪逊. 浅谈纤维增强塑料渔船的建造及检验. 武汉造船，1998，6：19-22.

[9] 陈学诚，郑振豪. 玻璃钢游艇船体工艺检验分析. 造船技术，2014，6（322）：33-36.

[10] 姚树镇. 玻璃钢船艇的修补技术. 中外船舶科技，2002，2:37-41.